# 从社会方言到功能语体
# 网络语言新论

徐默凡 著

上海文化出版社

# 前　言

新世纪以来，网民群体数量日益庞大，社群身份变得模糊；网络交流日益频繁，在很大程度上取代了面对面的人际交流。这种变化趋势使网络语言的社会方言性质削弱而功能语体性质增强，网络语言与日常语言的界限变得模糊，网络语言正在成为日常语言的一种重要变体。

网络语言是当代一种非常活跃的交际工具，在使用中体现了一定的语言创新性。作为新兴网络文化的载体，网络语言还在一定程度上体现了文化创新性。我们不能因为网络语言的草根性、娱乐性而将其视为低俗的语言方式，而是要对网络语言进行系统研究，为母语教学、对外汉语教学、工具书编撰和语言文字规范化工作提供切实的理论依据。

语言学界对网络语言一向颇为关注，研究成果也极为丰硕，但是也存在很多问题：在研究态度上，研究者往往采取一种旁观者的猎奇视角，高高在上地把网络语言当作考察对象，因而不能体察网络语言的鲜活之处。在研究内容上，大多拘泥于新鲜词语和流行格式，没有对网络交际特有的原则和策略进行深入剖析。在语言规范上，着重批评网络语言对语言规范的侵蚀和损害，希望对之进行限制，忽视了网络语言中的创新要素，缺乏借鉴引进的意识。

我们认为网络语言是一股新生的语言力量，其能量不容小觑。当人们如此乐于在日常生活中使用网言网语时，语言学家不能再戴着有色眼镜隔靴搔痒，而是应该深入其中进行学理分析，并客观地评估其价值利弊，有效地引导良性的发展趋势。

有鉴于此，本书全面研究了网络语言，并提出了一些新的观点。全书共分为六章，主要内容如下：

第一章《网络语言的性质和研究方法》：本章否定了前人提出的"网络语言是一种社会方言"的观点，通过对历年《中国互联网络发展状况统计报告》的分析和关于网络语言使用状况的调查，得出"网络语言是一种功能语体"的结论，进而使用语体变量决定语体特征的分析方法，指出决定网络语体的关键变量是传介方式。

第二章《网络语体示情手段》：网络语体由同时异地的传介方式这个语体变量促生了虚拟实示的特殊示情方式，在语言手段上也产生了三种示情策略，即：创设图像示情手段、拓展语言示情手段、增生修辞用法手段。这些示情策略产生了极为丰富的网络语言现象，本章结合大量语料对此进行了充分描写。

第三章《网络词语和流行语》：网络词语是指在"网络语体"这种传介功能变体中产生并得到主要应用的词语，它们形成了一种特殊的"语体色彩"，从而和一般词语区别开来。网络词语主要包括游戏词、缩略词和事件词。本章还对网络流行语的游戏性、极致性、仿拟性特点进行了讨论，最后以"主要看气质"为案例讨论了网络流行语的传播机制。

第四章《网络语言的修辞创新》：网络语言在修辞上有不少创新现象，本章利用概念整合理论对其中具有代表性的"命名性辞格"进行了理论研究，并对"关系反语辞格"进行了个案研究，然后对网络语言特有的形貌修辞进行初步描写和整理。

第五章《语言、心理、文化：无关谐音的综合研究》：网络语言是一种综合性的现象，不仅要对其语言表现进行描写，而且要对背后隐藏的社会文化、网民心理进行剖析解释。本章以"无关谐音"现象为例，展开了一项涉及语言、文化、心理的综合研究，为网络语言研究提供了一种新的思路。

第六章《网络会话的多角度分析》：因为网络交流的制约，网络会话产生了自己的交际原则和交际策略。在会话的开端、主体、结尾三部分，在话轮转换的方式上，在表情符号的用法上，网络会话都发展出了自身的特点，本章对此进行了归纳和分析。

本书是教育部青年项目"网络语言的创新因素及其对日常语言的影响"（项目批准号13YJC740113）的结项成果，感谢教育部和华东师范大学对本研究的资助。

# 目　录

# 第一章 网络语言的性质和研究方法

## 第一节 网络语言是社会方言吗？

### 一、网络语言的范围

"网络语言"在某种程度上更像一个日常用语而不是一个语言学术语。在互联网普及的早期，"网络语言"是指网络上使用的计算机专业术语，但很快就发生了意义泛化，凡是在网络传播中使用的语言都可以称为"网络语言"，主要包括：

①网络新闻所用的语言

②网络文学使用的语言

③网络社区（论坛）使用的语言

④网络即时聊天使用的语言

在以上四种类型中，①②两种情况只是借用了网络传播的便利条件，原来由纸质媒体传播的新闻和文学作品改由网络媒体来传播，以获得更快的传播速度和更多受众，但是其语言本身并未发生太大的变异，对语言学研究来说价值不大。而③④两种情况则不同，它们完全是为了顺应网络传播的特殊需要而产生的语言变异形式，因此具有极大的语言学研究价值。本书的主要研究对象就是包含了③④两种类型的狭义的网络语言。

于根元（2003）指出网络语言"起初多指网络的计算机语言，也指网络中使用的有自己特点的自然语言。现在一般指后

者。狭义的网络语言是指论坛和聊天室的具有特点的用语"。我们基本同意这个界定,但对此进行更明确的界定:

网络语言,是在互联网上产生并主要由网民在网络交际中使用的语言变异形式,包含了一系列不同于日常语言的词汇、句法、修辞等方面的特殊语言特征。

这种网络语言具有以下三个特点:

①具有和日常语言不同的特定语言表现。

②起源于网络交际,且一般只在网络语言生活中使用。

③存在时间较长,使用范围较广,不局限于特定交际圈。

借助这个定义,我们可以把网络语言和社会流行语、网络技术术语、在特定亚文化中使用的网络隐语等相关语言现象区别开来。

## 二、网络语言的社会方言特征

关于网络语言的性质,前人论述众多,早期研究的主要观点是把网络语言看作一种社会方言,如:

青年学生是网络语言的主要使用者和新的网络语言成分的创作者。因此,网络语言的使用者是一群特殊的社会集团,和行业语、政治集团语等社会集团语一样,网络语言也是一种社会方言。(潘明霞《网络语言的语言地位探析》,《广西社会科学》2009年第3期)

网络语言既具备社会方言的两个特征(网络语言使用者的社会特征是以学生为主的年轻人,网络语言使用的环境主要是网络虚拟世界），也具备社会方言独特的表达功能（快捷、有趣、调侃），无疑是一种社会方言。（张薇、王红旗《网络语言是一种社会方言》，《济南大学学报（社会科学版）》2009年第1期）

这种新型的人际交际空间所形成的新型语体形式体现的是一种新的社会方言。近些年来，学界都将网络语言这种功能变体形式看作一种新的社会方言。在网络语言使用者的社会特征中，职业、身份、年龄、性别、文化程度、阶级或阶层等实际上都处于一种屏蔽状态，但在表达方式上仍有所体现，如掌握网络话语权的以学生和"小资"为主、中等以上文化程度为主等。这种交际形成了一个虽不稳定但也有很大交集的言语社团。这自然在语言交际方式上呈现出独特的特征，通过网络这一特殊的语言环境而得以充分展示。（施春宏《网络语言的语言价值和语言学价值》，《语言文字运用》2010年第3期）

除了以上这些比较重要的理论文章外，还有不少介绍性、普及性的文章索性以"网络语言是一种社会方言"等类似的表达来作为题目，如：

网络语言——一种新的社会方言（邝霞，《语文建设》2000年第8期）

网络语言：新兴的网络社会方言（刘乃仲、马连鹏，《大连理工大学学报》2003年第3期）

网络语言——一种新兴的社会方言（袁险峰，《安徽文学》2007年第5期）

网络语言：新兴的社会方言（卞亚南，《科技信息》2009年第

33期)

网络语言——一个特定社会阶层的语言(魏红霞,《宁夏社会科学》2013年第5期)

即使存在一些细节的分歧和术语的差异,把网络语言看作一种社会方言,恐怕也是大多数研究者的一种共识。

鉴别一种社会方言,大致有这三方面标准:

①使用者是否属于特定的社群? (是否在年龄、性别、阶层、职业等方面具有共性?)

②是否相对稳定地在社群内部环境中使用?

③是否形成了系列性的语言特点?造成这些语言特点的动因是否源于使用者的特定社群身份?

而前人对网络语言的判定也大多从这三方面展开,比较一致的观察是:

①网络语言使用者是一个特定的网民社群,以年轻人特别是年轻学生为主。

②网络语言主要在网络这个虚拟空间中使用。

③网络语言产生了一系列语言特点,主要表现为一些隐语性质的新词语,它们是网民这一社群为了产生群体认同感和归属感而创造的。

基于以上分析,不难得出网络语言是一种社会方言的结论。

但是,我们想追问的是,在近几年网络语言急速发展的情势下,现在的网民真的是一个具有共同社会特点而且相对封闭的社群吗？网络语言主要还是在网络虚拟社会的交际中使用吗？网络语言的特点主要还是新词语吗？这些新词语都是由于社群内部交际的需要而触发的吗？这些疑问归结到一起，就是一个总的问题：网络语言真的是一种社会方言吗？

为了回答好这个问题，我们需要审慎地进行考察。

## 三、《中国互联网络发展状况统计报告》数据分析

1997年，中国互联网络信息中心（CNNIC）牵头组织有关互联网单位共同开展互联网行业发展状况调查，自1998年以来每年发布2次《中国互联网络发展状况统计报告》。到2022年，中国互联网络信息中心已发布了50次全国互联网发展统计报告。"《报告》力图通过核心数据反映我国制造强国和网络强国建设历程，成为我国政府部门、国内外行业机构、专家学者和广大人民群众了解中国互联网发展状况的重要参考。"[1]无疑，它也为本书对网络语言的分析提供了宝贵的调查材料。

为了显示中国网民群体和网络语言生活的变迁，我们来比较一些基本数据，主要采用1997年和2022年数据进行比较。

1997年，中国网民规模是60万，互联网普及率是0.05%。到了2022年，我国网民规模达 10.51 亿，互联网普及率达 74.4%。短短25年，网民数量飞速增长，互联网已经深入千家万户。根据

---

1　引自第 50 次《中国互联网络发展状况统计报告》前言。

国家统计局数据[1]，截至2021年底，中国总人口为14.126亿，目前网民数量已超过全国人口的70%。再考虑到历次调查对网民的定义是"过去半年内使用过互联网的6周岁及以上中国居民"，所以排除掉6周岁以下的居民，以及因年纪太大无法使用网络的居民，基本可以说全民皆网民了。

1997年，中国网民男女比例是87.70%比12.30%，男性明显高于女性。到了2001年，男女比例已经变成60%比40%，已经比较接近了。到了2022年，网民男女比例是51.70%比48.30%。而截至2021年底，中国人口的男女比例是51.19%比48.81%，两者数据已经非常接近。

"中国网民城乡结构"反映的是网民中城乡差异这个变量，这个调查是从2007年开始的，当时网民中城镇居民和乡村居民的比例是74.90%比25.10%。到了2022年，网民中城镇居民和乡村居民的比例变化为72.10%比27.90%，表明乡村居民中的网民数量也得到了相应发展。国家统计局2021年底的数据表明，中国城镇人口和乡村人口的比例是64.72%比35.28%。看上去两者相差不少，似乎预示了乡村人口较少上网，这当然是事实，但是也要考虑到两个因素的影响：一是互联网调查报告提供的"居民"数字，是通过电话调查和实地调查获得的[2]，而国家统计局提供的是"人

---

1 本数据以及以下关于全国人口的相关数据都来自国家统计局网站 http://data.stats.gov.cn。
2 调查报告中的农村网民指过去半年主要居住在我国农村地区的网民，城镇网民指过去半年主要居住在我国城镇地区的网民。

口"数字，是户籍调查的结果，两者的差距不小，因为有大量的乡村"人口"其实主要生活在城市，并不是乡村"居民"；二是在"乡村居民"中，恐怕不少都是年迈老人和留守儿童，他们是最少上网的一类人。鉴于以上两点，其实中国网民中的城乡差别没有像数据显示得那么大。

"网民平均周上网时长"是从1999年开始统计的，这个数据和其他数据不同，不是一个单边上升的趋势，而是显示为先降后升的曲线。从1999年的17小时，急速下降为2000年的13.66小时、2001年的8.5小时，然后再开始逐年攀升，一直到达2022年的29.5小时。对于这个先降后升的过程，我们的猜测是：在上网资费高企的1999年，小部分网民每周上网时间可以达到17小时左右，显然这部分网民主要是因为工作原因而频繁接触网络的网络从业者，再加一部分网络发烧友。随着网络的普及，2001年以后的网民迅速变为普通大众，一下子拉低了平均上网时间，而此后十几年间上网时间的逐步增加则是一个和网络不断普及、上网设备不断增加、上网资费不断下调同步的发展过程。

从2007年起，中国互联网络信息中心开始调查"即时通信使用率"。所谓"即时通信"，"是一种即时的在线信息沟通方式，可以随时得到对方的回应"[1]。从开始进行调查的2007年，这项网络应用的使用率就居高不下，第21次报告称"目前中国

---

1　引自第 21 次《中国互联网络发展状况统计报告》第 41 页。

网民的即时通信使用率已经达到81.4%，超越搜索引擎与电子邮件，成为仅次于网络音乐的第二大网络应用，有1.7亿使用者。询问网民上网做的第一件事，有39.7%的网民选择了即时通信，是互联网第一落脚点中网民人数最多的一项"[1]。而到了2022年，报告称"截至2022年6月，我国即时通信用户规模达10.27亿，较2021年12月增长2042万，占网民整体的97.7%"[2]。从2007年的81.4 %到2022年的97.7%，绝大多数的网民都会利用即时通信软件进行网络沟通，即时通信交流已经成为网民日常交际的主要方式。

根据以上调查数据，我们可以得出以下一些结论：

第一，上世纪90年代末的最早一代网民可能形成了一个特殊社群，其主要分布特点是：男性为主，居住于城市，多为学历较高的年轻人，从事网络相关工作或者痴迷于网络虚拟生活。当年的网民是一个相对封闭的社群，网络语言也可能是一种社会方言。然而时至今日，网民的群体数量已经极为庞大，而且已向各阶层、各年龄段扩散，性别、出身、年龄、学历、收入等都趋向于自然人口结构，网民独立的分布特点模糊不可辨，已经不适宜被看作一个具有内聚结构的社会群体了。随着时间的延续，已经习惯于网络生活的年轻人成为老人，而青少年也越来越早、越来

---

1 引自第 21 次《中国互联网络发展状况统计报告》第 41 页。
2 引自第 50 次《中国互联网络发展状况统计报告》第 38 页。

越频繁地接纳网络生活，在不久的将来，几乎所有人都将成为网民，"网民"这个词将失去其区别意义。

第二，随着上网设备迅速向手机端转化，越来越多的线下活动将转移到网上展开。目前网民人均在线时间为每周29.5小时，平均每天4.21小时，网络生活已经成为社会生活不可或缺的组成部分。而随着网络通信日益频繁，在线交流无所不在，电子传播全面崛起，以即时通信为代表的网络交际已经成为普通人语言生活的重要组成部分。

第三，上世纪90年代末由于网民的社群特点而逐渐诞生的别具一格的网络语言确实可以看作一种社会方言，但今天网民已经没有什么社群特点可言了，今天的网络语言也不再是一种属于特定社群在有限范围内使用的社会方言了。

## 四、关于网络语言使用状况的调查

为了更好地说明网络语言的性质，我们在2015年组织了一次网络语言的社会调查。我们采用问卷调查的方式，一部分通过网络进行，调查对象是各个年龄层次和不同教育背景的人群，一共收集到来自不同地区和不同年龄段的答卷共330份。另一部分是针对中学生的调查，调查对象来自上海市的5所中学，包括公办初中、民办初中、市级重点高中、区级重点高中和国际学校高中各一所，共回收有效问卷244份。两部分合并总人数为574人。

单独对中学生进行调查，主要是考虑到学生是网民的重要成员，而第一部分调查中基本未涉及中学生。此外中学生正处于语言规范的养成阶段，受网络语言的影响会更大，所以我们还期望通过该调查来进行相关语言规范的研究。

调查主要涉及调查对象的基本情况和网络语言的使用情况，共10个题目。

第一题：你的出生年代是_____。

A 00后　　B 90后　　C 80后　　D 70后　　E 60后

数据统计如下：

| 选项 | A | B | C | D | E |
|------|------|------|------|------|------|
| 比例 | 16.72% | 59.23% | 15.33% | 5.23% | 3.49% |

第二题：你的性别是_____。

A 男性　　B 女性

数据统计如下：

| 选项 | A | B |
|------|------|------|
| 比例 | 48.26% | 51.74% |

第三题：你的学历是_____。(含在读)

A 初中　　B 高中　　C 大学　　D 研究生

数据统计如下：

| 选项 | A | B | C | D |
|------|------|------|------|------|
| 比例 | 18.99% | 26.31% | 40.94% | 13.76% |

第四题：你日常交流使用的语言是_____。

A 普通话　　B 方言

数据统计如下：

| 选项 | A | B |
|------|------|------|
| 比例 | 91.81% | 8.19% |

第五题：你每天的上网时间是_____。（含手机、iPad、电脑等所有联网设备）

A 小于一小时　　B 一到三小时

C 四到六小时　　D 大于六小时

数据统计如下：

| 选项 | A | B | C | D |
|------|------|------|------|------|
| 比例 | 18.47% | 34.67% | 27.87% | 18.99% |

第六题：你使用社交软件（如微信、微博、QQ等）的情况是_____。

A 完全不使用

B 有需要时才连线使用

C 每天多次使用

D 全天在线随时反馈

数据统计如下：

| 选项 | A | B | C | D |
|------|------|------|------|------|
| 比例 | 1.22% | 25.09% | 46.69% | 27.00% |

第七题：你在什么时候会使用网络语言？（可多选）

A 完全不用

B上网聊天

C通过社交软件发布状态、发表评论

D利用网络进行信息发布（群发通知、发布社团公告等）

E玩网络游戏时

F日常口头交际

G日常书面写作

H其他（请详细补充说明）

数据统计如下：

| 选项 | A | B | C | D | E | F | G | H |
|------|------|------|------|------|------|------|------|------|
| 比例 | 5.75% | 79.44% | 58.71% | 32.93% | 25.09% | 50.52% | 6.79% | 1.39% |

第八题：你觉得网络语言和传统语言差别大吗？

A 很大　　B 较大　　C 很小　　D 没有差别

数据统计如下：

| 选项 | A | B | C | D |
|------|------|------|------|------|
| 比例 | 13.76% | 53.48% | 28.75% | 4.01% |

第九题：你使用网络语言的原因是＿＿＿。（可多选）

A 方便快捷

B 大家都这么用，不用就落伍了

C 有趣好玩

D 能够表达自己独特的情感

E 其他（请详细补充说明）＿＿＿＿＿＿

数据统计如下：

| 选项 | A | B | C | D | E |
|------|------|------|------|------|------|
| 比例 | 53.31% | 26.83% | 59.58% | 54.53% | 4.36% |

第十题：你对网络语言的态度是＿＿＿。

A 很喜欢　　　B 比较喜欢　　　C 无所谓

D 比较讨厌　　　E 很讨厌

数据统计如下：

| 选项 | A | B | C | D | E |
|------|------|------|------|------|------|
| 比例 | 6.27% | 28.75% | 60.45% | 3.66% | 0.87% |

　　在本调查提供的数据中，有一些和《中国互联网络发展状况统计报告》的统计结果相吻合。比如每天上网时间一到三小时的占了34.68%，四到六小时的占了27.88%，两者相加占62.56%，考虑到其中近一半调查对象还是中学生，每天大部分时间都在上课，因此全民的平均上网时间可能比这还要高；再如社交软件的

使用情况，有需要时才连线使用的仅占25.09%，每天多次使用占到46.69%，而全天在线随时反馈的也高达27.00%，同样要考虑到中学生的情况，这个比例是十分惊人的，说明通过社交软件进行的网络交际活动已经成为我们日常语言生活的一个重要部分。

特别有价值的是第七题到第十题的调查结果。

在回答第七题"你在什么时候会使用网络语言？（可多选）"时，占前三位的是"上网聊天"79.44%，"通过社交软件发布状态、发表评论"58.71%，"日常口头交际"50.52%。前两名是典型的网络情境，使用率高不足为奇，但是日常口头交际时使用网络语言的比例高达50.52%，超过一半就出人意料了。同时引人注意的还有"利用网络进行信息发布（群发通知、发布社团公告等）"占到了32.93%，在这种情况下，网络只是一个传播工具，相关内容应该使用正式的书面语，但网络语言的使用率也达到了近三分之一。此外，甚至"日常书面写作"也达到了6.79%。虽然被调查者所认为的网络语言，可能主要集中于一些网络流行语或者网络新词语，但这种自以为使用网络语言的比例仍然是非常令人吃惊的。这就说明网络语言已经渗透到各个交际场景中，成了一种应用非常广泛的语言变体。

第八题是"你觉得网络语言和传统语言差别大吗？"，13.76%的人选择很大，53.48%的人选择较大，说明大众已经比较明确地把网络语言区分为一种语言变体，形成了一种比较明确的变体感。

第九题"你使用网络语言的原因是＿＿＿。（可多选）"，调查的是网络语言的功能，前三位都超过了50%，分别是"有趣好玩"59.58%，"能够表达自己独特的情感"54.53%，"方便快捷"53.31%。从中可以看出，被调查者选用网络语言的主要原因是网络语言具有的游戏功能、独特的表情价值和便利性，这些都是从交际功能的角度来选择的。而把社会变体应该具有的最主要功能——社群认同性，转化出来的选项"大家都这么用，不用就落伍了"，居然只有26.83%的选择率。这再次印证了网络语言已经不再是一种典型的社会变体了。

在第十题"你对网络语言的态度是＿＿＿。"中，60.45%的被调查者选择了"无所谓"，也显示大部分使用者对网络语言并没有特别的情感偏好，只是将其当作一种实用工具在加以使用。

综上，当今的网络语言确实和日常语言存在比较大的差异，形成了一种比较明确的语言变体，但这种变体却不是很多早期研究者所认为的社会方言。那么是哪一种变体呢？其形成和发展背后的制约因素又有哪些呢？第二节将继续讨论这些问题。

# 第二节 从社会方言到功能语体

第一节详细论述了现今的网络语言不是一种社会方言，那么该如何看待网络语言的性质呢？

## 一、作为语体的网络语言研究

### 1.网络语言的语体属性

对于网络语言的性质，国内还有不少学者将其看作一种特殊语体，并据此讨论其语言特征。

于根元（2001）较早指出网络语言是口语化的书面语体，并从语言要素的层面对网络语体做了初步的描写，认为"网络语言具有外来词语、术语多，词汇新、杂、活，符号与语言交叉使用，语句零散化、直观化"等特点。

李军、刘峰（2005）认为，"现代互联网的飞速发展使网络成为信息传输的重要方式，全新的网络交流模式导致了网络语体的产生。网络语体是适应网络交际的需要而形成的具有言语特点的体系，是一种介于口语与书面语之间的新兴语体类型"。进而从词语、句法、修辞三个方面对这种网络语体的语言特征进行描写："（1）网络语体由于可视和键盘输入等特点，词语表现手段极为丰富，外语、方言、拼音、符号、图形等手段都可以出现，同时网络紧跟时代，词语运用追求新奇、时尚和专业化。（2）网络语体句子简短，句法灵活，语序富于变化，较少使用关联词语和语义、结构复杂的复句，其日常聊天式的语言形式受到极大的青睐。（3）网络语体在修辞运用上具有很大的密集性和兼容性，几乎可以接纳所有的修辞手法。"

岳方遂（2012）认为，"网络语言是当代人以网络生活为主题，在网聊、网络社区中使用的'键盘语言'，具有全民性，是一种新生的语体，而不是社会方言"；并指出"网络语体具有四种性质：隐匿性、主观性、变异性和快餐性；网络语体还具有四种表现风格：时尚色彩、搞笑格调、辛辣品位和简约形式"。

张颖炜（2015）认为，"语体作为一种适应交际需求而产生的语言运用体系，有鲜明的时代性。网络语体是在新媒体网络语境中产生的为实现信息交流而兼具口语语体和书面语语体特点的新的混合性语体。语体仿拟、跨体写作、网民年龄层次的跨越性都反映了网络语体的多样性；渗透与交融手段的运用促成了网络语体的混合性特征；数字语篇的互动性回应模式使网络语体区别于纸质文本而具备了动态性特点"。

此外，吕明臣（2004）、王世凯（2006）等都是从语体的角度来研究网络语言，并描述了网络语言的部分特征。

对于什么是语体，李熙宗（2005）做了全面归纳，认为前人的语体定义大体可以分为"语言特点体系（综合）"说、"语言风格类型"说、"功能变体"说、"词语类别"说、"语文体式"说和"言语行为类型"说六类，并在综合评述的基础上，提出了自己的定义："语体是在长期的语言运用过程中历史地形成的与由场合、目的、对象等因素所组成的功能分化的语境类型形成适应关系的全民语言的功能变异类型，具体表现为受语境类型制约选择语音、词语、句式、辞式等语言材料、手段所构成的语言运用特点体系及其所显现的风格基调。"这个定义，在袁晖、李熙宗（2005）那里有简化版本，即："语体是运用民族共同语的功能变体，是适应不同交际领域的需要所形成的语言运用特点的体系。"其关键是两点：功能变体（功能变异类型）和语言运用特点体系，并且隐含了功能需要决定语言运用特点的逻辑关系。

我们认为，语体是一种功能变体，和社会方言一样，功能变体也表现为一组语言特征的集合；但这些语言特征的产生动因是不同的，社会方言是为了满足不同社群内部交际的需要而产生的，而功能变体是为了满足语言在不同交际领域的需要而产生的。也就是说社会方言是以语言使用者为基准而区分的语言变体，而功能变体则是按照语言的用途而区分的语言变体。功能变体在使用对象上是属于全民的。

根据上述分析，我们对网络语言性质的基本看法是：

在20世纪80、90年代，网络语言伴随着互联网的普及、网民社群的成型而诞生，此时的网络语言是现代汉语的一种社会方言，其使用者特征主要为城市男性年轻白领，往往从事网络相关工作。21世纪以来，由于网络普及率的提高和上网资费的下调，网民的范围逐渐扩大，随着智能上网手机和即时通信软件的日益流行，网络交际已经成为大众人际交往的重要方式，网络语言也从一种社会方言变成了一种功能变体。网络交际、口头交际和书面交际都成为现代人重要的交际形式，网络语言也随之发展出一系列独特的语言特征，成为一种功能性的网络语体。

采取这种从社会方言向功能语体变化的观点来考察分析网络语言，可以更加准确地说明网络语言的实际发展情况。

不过，目前关于网络语体的研究，还存在两个较大的问题：

第一，网络语体的语言特点来自其功能变异，但是其功能变异究竟是什么？具体应该如何描述？

第二，网络语体的语言特点到底有哪些？这些特点又是由哪些功能变异触动的？

也就是说，网络语言的功能变异和语言特点之间的逻辑关系尚缺乏学理讨论，目前对网络语言采用的主要研究方法是归纳描写，看到一个现象就讨论一个现象，缺少从功能变异到语言特点的演绎解释。

### 2.语体研究的新进展

随着语体研究的进展，越来越多的学者认为，划分语体不能仅从语言特点去归纳，而是需要从语言内外的多个角度去分析造成功能变异的原因，进而对语言特点进行深入解释。如陶红印（1999）基于国外的研究指出传媒和表达方式是两种不同的语体制约因素，不应该混为一谈。传媒也叫工具，包括手、耳、笔、纸、声音、文字等。表达方式则可以区分出口语表达和书面语表达、有准备的和无准备的、庄重的和非庄重的等对立形式。方梅（2007）把制约语体的因素分为功能类型、传媒和方式三方面，"传媒"中再根据媒介的有无分为直接方式和间接方式，在"方式"中则提出即时性和交互性的对立以及计划程度的差异。冯胜利（2010、2011）提出语体划分的两对重要特征：正式与非正式，典雅与便俗。以上这些研究都注意到语体划分时语言外部因素的决定作用，并表现出划分标准从静态语言特征转向动态行为特征的研究趋势，无疑为我们准确而细致地刻画语体现象提供了有利的观察角度。

刘大为（2013）整合前期研究成果，在语体研究的方法论上有了突破，提出了以语体变量为核心的语体研究方法。所谓语体变量，就是从言语活动运作的角度归纳出来的具有解释性的功能动因。语体变量会促使语言产生系统性的变异，一个语言变量或一组语言变量的配合就可以制约形成一种特定的语体。参与组配的语体变量越多，要求与之配合的语言变异就越丰富，由此形成的语体就越具体。

对于语体变量的类型，刘大为（2013）指出："由于任何语体都必须依托于一种类型的言语活动，而言语活动又是借助于一些行为方式而得以完成的，所以可以通过分析言语活动的行为方式来提取语体变量。一种言语活动的实施，一定会在这样几个维度中进行：一是通过完成该言语活动，行为者希望实现怎样的功能意图，完成一件怎样的事情；二是该言语活动是通过怎样的媒介和传播方式实现的；三是为了言语活动的完成，行为者双方原有的人际关系以及在活动中结成的人际关系又是如何发挥作用的。"据此，语体变量就可以分为三个维度：功能意图、传介方式和人际关系。理论上，"任何语体都由一组语体变量组配而成，任何语体分解下来都是一组语体变量。参与组配的语体变量不同，所构成的语体类型也就不同"。

这一系列研究为我们定义和解释网络语体提供了充足的理论工具。

## 二、从语域理论看网络语言

### 1. 语域理论简介

除了语体研究的成果，系统功能语言学的语域理论也为我们讨论网络语言提供了有益的理论借鉴。

系统功能语言学的创始人韩礼德（Halliday&Hasan，1985/2012，程晓堂导读）对语域的定义如下："语域是一个语义概念，可定义为一组意义配置，与语场（field）、语旨（tenor）、语式（mode）所构成的特定情景配置（situational configuration）相联系。作为意义配置，一个语域必然包括这些意义所伴随或依赖的表达方式：词汇—语法以及语音特征。"

其中，"语场指实际发生的事情，语言发生的环境，包括谈话话题、讲话者及其他参与者所参加的整个活动。语旨指参与者之间的关系，包括参与者的社会地位，以及他们之间的角色关系。语式指语言交际的渠道或媒介，如说还是写、是即兴的还是有准备的，包括修辞方式"。

语域理论认为不同的情境配置（语场、语旨和语式）决定了不同的意义配置（语域），并进而决定了相应的表达方式（语音、词汇、语法等语言特征）。可以大致归纳为：

情境配置（语场、语旨和语式）→意义配置（语域）→表达方式（语言特征）

可以发现，刘大为（2013）的语体理论和语域理论基本相同，只不过使用了更加简明的术语，即：

语体变量配置→语体类型→系统性语言变异

### 2.语场、语旨和语式

在语域理论中，我们更关心的是语场、语旨和语式的具体内容，这对我们确定和描写语体有极大的借鉴价值。

张德禄（1987）总结了功能语言学对此问题的看法：

场境（即语场）指在交际过程中实际发生的事，以及参与者所从事的活动，其中语言活动是重要组成部分，包括谈话主题。交际者（即语旨）指谁是参与者，以及参与者的性质、社会地位和角色；参与者的角色关系既包括各种各样的社会角色关系，如教师/学生、售货员/顾客、师傅/徒弟，也包括在语言交际中的谈话角色关系，如讲话者/听说者、作者/读者、问话者/答话者等。方式（即语式）指语言交际的渠道或媒介，如说还是写，是即席的还是有准备的，包括修辞方式。场境、交际者和方式一起组成了语篇的语境。

在语言的实际应用中，语境的三个组成部分无时无刻不在变化。这三类融合在一起，就会产生无穷无尽的不同类型和精密度的语域。

**3.利用语域理论对网络语言的研究**

秦秀白（2003）较早运用语域理论来解释网络语言（秦文称为网话），他认为从语场角度来看，网络语言的"主要目的是在有限的时间内，以最快的速度交流信息或实现人际交往"；从语旨来看，"交际双方（或多方）关系是平等的，话语基调具有非正式语体色彩"；从语式来看，网络语言"主要用于基于文本的交流方式，而在诸如聊天室的虚拟社区内，语篇具有实时的互动性，属于'互动的书面语篇'"。特定的语域、语旨和语式决定了网络语言的语域，也决定了网络语言"必须生动、风趣、简洁"，运用网络语言"要省时、省事，富有个性"。

李旭平（2005）也做了类似的分析，认为在网络交际模式下，"语场包括网络交流中谈论的话题以及进行这相关话题时进行的具体活动方式和信息交际模式"；"语旨包括网络成员间的权力和平等关系，相互接触和情感因素"；"语式和现实交际模式有很大的区别，主要体现在渠道和媒介的特殊性"。"媒介指的是措辞的结构模式，有口语和书面语之分；而渠道指的是受话者通过何种形式接触发话者的信息，有声音和文字之分。"通过举例分析，李文指出在网络交际中"语场、语旨和语式的特殊性导致了相应语篇在词汇选择、句子结构以及部分词语语义等方面都发生变化"。

黄锦章、田丽娜（2013）利用语域理论对网络即时会话进行了研究，指出与日常自然会话相比，网络即时会话在语场、语旨、语式三大语域变量方面有一系列不同的变异：在语场方面，网络会话在空间上具有异域性，双方是在虚拟的网络空间相遇，在时间上则缺乏严格的同步性。在语旨方面，网络会话非常复杂，除了现实世界中的熟人和陌生人之外，还有网络世界的虚拟的熟人和陌生人。在语式方面，网络会话的介质为文字，渠道为网络，在听觉和视觉两方面都受到局限，无法借助语音、表情以及各种肢体动作来传情达意。在这些语域因素的综合作用下，网络即时文字会话形成了自己的语言特征：在词汇、句式及修辞手段选择方面表现为口语和书面语的混合体，有时有较为明显的书面语色彩，有时却比口语更口语；在行为目标的实现步骤方面，允许多个主题同时平行推进；在会话的人际关系方面，礼貌等级程度明显下降。

　　类似从语域理论出发对网络语言进行研究的文章还有不少，其遵循的研究线路都是介绍语域理论，讨论网络语言的语域变量，进而解释网络语言的特点，这些研究为我们进一步认识网络语言的生成动因提供了有益的视角和材料。

## 三、网络语言的语体特点

　　虽然从语体理论和语域理论出发，有不少学者已经注意到了网络语言特点的解释性因素，并试图通过语体变量或者语域变量来加以控制，但是由于这些变量的研究还很不系统，网络语言本身又极为复杂，所以对网络语言特点的描写还是流于表面，往往用举例的方式来说明。

更多的研究者直接从网络语言现象入手，描写和归纳网络语言的特点，同时采用比较方法，分析网络语言与口语、书面语言、公文语言的异同。如于根元（2001）较早地归纳了网络语言的特点是：一、外来词语多、术语多；二、符号与语言的交叉使用；三、语句的零散化、直观化；四、幽默风趣。

张云辉（2007）指出，网络语言的词汇特征最为显著，充分运用了英语、汉语、数字、符号的构词方式。句法形式也有独特之处，主要包括特殊的状语副词、英汉语语法成分混用、特殊句式、语词叠用、词性换用等。此外，在网络语言的符号特征上，还包括了来源于键盘的符号网络语言以及标点符号的滥用。

施春宏（2010）从网络语言价值的角度探讨了网络语言的特征：在词汇上，网络语言的构词机制主要有谐音词、复合词、变音词、析字词、析词别解词、重叠词、外来词、方言词、缩略词、字母词、符号词、数字词等，使网络表达呈现出拼盘效应。在语义方面，既有日常词语网络化后赋予新义，也有网络词语语义的引申。在词法和句法方面，一些新的网络词法形式凸显，变用了某些既有的词法形式。语法用例上的拓展主要体现在句法搭配关系和搭配对象的变化上，语法类型的新创往往跟外语表达方式的移用和改造有关。此外还有一些新的网络词缀形式和网络语气表达形式形成了一种网络口语形式。在修辞手法方面，网络修辞既有对传统修辞手法的创新性使用，也有对新的修辞手法或表达方式的尝试或强化。像仿拟、飞白、比喻、借代、谐音、婉曲、反语、拟人、拆词、通感、夸张等手法，网络语言中都有普遍的使用，有的还有所突破。

前人研究主要是借用了语言系统的要素体系（语音、词汇、语法、修辞）对网络语言的特征进行归纳，认为网络语言的主要特点在于词汇，语法和修辞亦有独特之处。这些研究观察很细致，描写也很具体，但缺陷也很明显。首先是这些特征不分轻重，没有形成一个完整的体系；其次是没有一个统一的解释性框架对这些特征进行充分必要性的证明——这些问题正是本书以后各章想要着力解决的。

# 第三节　网络语体的研究方法

## 一、语体变量、语体和语言特征

将网络语言看作一种语体，就意味着一组特殊的功能需求相互配置产生了一种特殊的功能变体，并决定了一系列相应的语言特征。

为了进一步讨论的需要，我们有必要先统一一下术语。所谓的"功能需求"，在语体理论里相当于语体变量（刘大为，2013），在语域理论里相当于语域（语场、语旨和语式）；"功能变体"在语体理论里相当于语体（刘大为，2013），在语域理论里相当于语类或语篇类型；"语言特征"在不同的研究中分别称为语言形式、语言变异、语言特点等。在本书中，我们将统一使用"语体变量""语体"和"语言特征"这三个术语。

绘制出一张语体变量的结构图，系统说明相互配置关系，从而能对所有常见语体的产生原因进行清晰说明——这是语体研究的终极目标，现有研究还远远不够。不过，由语体变量的配置方式来定义某种语体类型的方法论思想，已经足以使我们针对某个特定的语体开展特定的语体变量研究。而且按照理论构想，特定语体的语言特征是在特定语体变量的制约下产生的，这就预设了语体的研究方法有两类：既可以从语体变量出发，用变量对语言特征的必然要求去对语言特征进行演绎推理；也可以从语言特征出发，在归纳语言特征的基础上去寻求语体变量的动因解释。语体变量和语言特征的互动研究将勾勒出一种语体的清晰面貌。

本书将兼用这两种研究方法，精细分析制约网络语体成型的语体变量，同时梳理纷繁复杂的语言特征，形成对网络语体的整体刻画。

## 二、决定网络语体的语体变量：传介方式
### 1.传介方式及其子变量

从"网络语言"的命名理据上看，就可以发现作为一种功能语体的"网络语体"其决定性的语体变量是传播方式，即采用网络技术进行信息传递。在以往的语体分类中，口语体和书面语体的类别也主要是依靠传播方式来区分的，口语体是"口说"，

书面语体是"书写"。本节对传播方式这个语体变量进行详细分析，并进而说明网络语体和口语体、书面语体的联系与区别。

通常理解的传播方式只是一个日常词语，往往简单化理解为"口说"和"书写"两种方式，但刘大为（2013）将其学理化后命名为"传介方式"，并仔细分析为三个层面，为了讨论方便，我们不妨将它们看作从传介方式角度提取出的三个子变量，即：

媒质形式子变量：可以实现为听觉语音符号或者视觉文字符号

传播手段子变量：可以实现为空气传播或者纸媒传播

传播环境子变量：可以实现为现场性环境或者非现场性环境

这三个基本变量是互相联系的，也是相互依存的，在原有的技术条件下，媒质形式决定了传播手段，传播手段决定了传播环境。对于口语交际来说，听觉语音符号的媒质决定了空气传播的手段，空气传播的手段决定了现场性的传播环境；对于书面语交际来说，视觉文字符号的媒质决定了纸媒传播的手段，纸媒传播的手段决定了非现场性的传播环境。因此，听觉符号媒质—空气传播—现场环境这一组传介方式的子变量控制产生了口语体，视觉媒质—纸媒传播—非现场传播这一组传介方式的子变量控制产生了书面语体。

语体研究通常所说的口语体和书面语体，并不是对传介方式三个基本子变量的全面考察，而是仅靠口说的语音和书写的文字这一对媒质形式子变量划分出来的抽象概念，但由于传介方式的三个子变量之间具有顺序决定关系，所以这样简约的划分和命名也不无道理。

从理论上说，每个语体变量的变化如果长期存在，都会逐渐引起语言特征的变化，从而形成一种新的语体，那么在现实语言使用中，是不是每一个语体变量的变化都会带来一种新的语体呢？这涉及两个方面，一个是变量变化带来的语言特征变化的系统性程度，全局、系统的语言变化往往会催生新的语体，局部、个别的语言变化则容易被人所忽视。另一个方面是导致语体变量发生变化的交际方式在人们交际生活中的重要程度。如果引发语体变量改变的某种交际方式占据了人际交流的重要地位，那么相应的语言变异就会逐渐稳固下来，形成一种新的语言格局，同时在语言使用者心理上产生语体感，这样新语体在语言层面和心理层面就都得到了落实。

我们以传介方式子变量的变化为例来说明问题：随着科学技术的发展，"传播手段"子变量发生了天翻地覆的变化，除了传统的空气传播和纸媒传播以外，出现了电报、电话、广播、电视等丰富形式，进而也改变了"传播环境"子变量中现场性和非现场性的对立——电报传播、电话传播、广播传播、电视传播都是语音符号媒质却可以跨越时空进行，这势必也带来了语言特征的一系列相应变化。那么有没有形成电报语体、电话语体、广播语体或者电视语体呢？在理论上，应该是有的，也有不少研究文章对此进行了相应研究。但在大众的语感中，恐怕是没有什么电话语言、广播语言、电视语言的概念的，因为大众并没有觉得打电话、听广播、看电视时使用的语言和日常口语有什么太大的差异。主要原因在于，由这些变量决定的特殊语言特征虽然存在，但并不明显也没有产生全局性的影响，因而很难被普通使用者意识到，所以也没有在使用群体中产生相应的语体感。电报传播有一点不同，由于资费制约导致电报传播必须使用非常简约的语言特征，由此也产生和日常口语迥异的"电报语体"，但是由于电报在日常生活中的使用频率实在有限，而且使用的时间也很短暂，现在已经基本退出日常生活，所以现在的"电报语体"也只能是一个理论上的概念了。

### 2.传播手段的网络创新

按照以上对口语体和书面语体的分析，我们再来考察网络语体。

网络语体和口语体、书面语体一样，也是主要从传介方式角度来定名的，只不过口语体和书面语体的两分是借助于"媒质形式"子变量，而网络语体是借助于"传播手段"子变量界定的。但是，"传播手段"的网络创新是非常巨大的，连带着改变了"媒质形式"和"传播环境"这两个子变量，带来了传介方式的全面革新：

在传播手段上，网络语体的传播手段是网络线路和网络两端的电子屏幕。利用网络技术，网络传播可以高速有效地传输图文信息，不管交际双方相隔多远，其传输时间都可以忽略不计，几乎可以实现即时反馈。

在媒质形式上，网络交际虽然也使用视觉符号序列，但和书写不同，这些视觉符号是通过键盘输入在电子屏幕上显示的，除了文字和标点符号外，还容许其他图形符号和抽象符号共现。

在传播环境上，网络交际更是出现了前所未见的局面，一方面交际双方分处两地，无法感知对方，表现为非现场性；另一方面，交际双方又可以利用眼前的两块电子屏幕，同时呈现同样的信息，这些信息还可以随着交际的深入不断同时更新，实现为一种实时更新的现场性。这就迫使我们对"现场性"这一传播环境的子变量进行再次细分，把时间因素和空间因素分离，区分为"空间现场性"和"时间现场性"。

所谓"空间现场性"就是交际双方处于同一个地点，感知同样的空间环境；而"时间现场性"就是交际双方处于同一个时间，虽不能直接观察对方，却可以随时和对方即时联络。这样一来，传播环境子变量理论上就可以分为四类：空间现场性/时间现场性、空间现场性/时间非现场性、空间非现场性/时间现场性、空间非现场性/时间非现场性。通俗一点就可以理解为同时同地（如面谈）、异时同地（如留言）、同时异地（如电话）和异时异地（如书信）。具体如下表所示：

从社会方言到功能语体——网络语言新论

| 传播环境<br>变量 | 同时同地 | 异时同地 | 同时异地 | 异时异地 |
|---|---|---|---|---|
| 空间 | 现场性 | 现场性 | 非现场性 | 非现场性 |
| 时间 | 现场性 | 非现场性 | 现场性 | 非现场性 |
| 示例 | 当面交谈 | 留言交谈 | 电话交流 | 书信交流 |

在以往的传播环境中，具有"时间现场性"的交际方式往往采用听觉符号进行交流，而具有"时间非现场性"的交际方式则采用视觉符号进行交流。但网络交际的出现打破了这种规律，按照传播环境分类，网络交际应该归入"同时异地"（空间非现场性/时间现场性）这一类，即和电话交谈一样。但和电话交谈不同的是，网络交际没有利用听觉符号而是利用了视觉符号。

网络传播这个"传播手段"的巨大创新，改变了"媒质形式决定传播手段，传播手段决定传播环境"的传介规律，使传播手段成为启动因素去决定媒质形式和传播环境，简单一点说就是视觉符号也可以进行同时异地的传播。这就使网络交际具有了完全区别于口语和书面语的独特传介方式，"网络语体"具备了独立成型的客观条件。

更重要的是，网络交际方式日益占据了我们日常交际的重要位置，在广泛高频使用的促动下，网络语言发展出越来越多的系统性语言特征。与此同时，在普通使用者心目中也形成了一个独立的语体印象，"网络语言"这个词语的广泛使用就是这种语体感的一个语言证明（普通人不会使用"电话语言""广播语言"

这样的词语，但是"网络语言"的说法随处可见）。

　　由此，我们可以再次对网络语言的语体性质进行归纳：网络技术的崛起改变了"传播手段"子变量，产生了"网络传播"的方式，这种方式进而影响到"媒介形式"和"传播环境"子变量，在广泛高频使用的促动下，造成了一系列语言特征，进而在语言使用者的语感中产生了一种新的语体——网络语体。

### 3. 网络语体和口语体、书面语体的联系与区别

　　上述网络语体和口语体、书面语体的联系和区别可以归纳为下表：

| 传介方式<br>语体 | 媒质形式 | 传播手段 | 传播环境 |
|---|---|---|---|
| 口语体 | 听觉符号 | 空气 | 时间现场性/空间现场性 |
| 书面语体 | 视觉符号 | 纸媒 | 时间非现场性/空间非现场性 |
| 网络语体 | 视觉符号 | 网络 | 时间现场性/空间非现场性 |

　　前人的研究也注意到了网络语体和口语体、书面语体的各种关联，如于根元（2001）最早指出网络语言是口语化的书面语体；李军、刘峰（2005）认为"网络语体是适应网络交际的需要而形成的具有言语特点的体系，是一种介于口语与书面语之间的新兴语体类型"；施春宏（2010）认为网络语言是一种"新兴的媒体语言"，"它是一般所言的口语、书面语以及有声语言之外的另一种表达形式。它的很多特性来自娱乐和游戏的性质，其中

又有新奇兼随意的地方";张颖炜（2015）认为"网络语体是在新媒体网络语境中产生的为实现信息交流而兼具口语语体和书面语体特点的新的混合性语体"。

我们认为，这些研究都没有给网络语体以独立性地位，缺少对网络语体的足够重视。所谓的"网络语言"，应该是主要由"传介方式"变量所决定的一种独立语体，而且在使用范围和使用频度上已经和同样主要由"传介方式"变量所决定的口语体和书面语体并驾齐驱，并且会在将来得到越来越普遍的应用，口语体、书面语体、网络语体鼎足三分的局面已经初步形成了。

## 三、决定网络语体的其他变量

### 1. 交际者、传介方式、交际内容

从理论上说，任何一个语体变量都可以作为唯一的分类标准来对语体进行分类，比如仅仅根据传介方式这个变量就可以区分出口语体、书面语体和网络语体。然而在语言的实际使用中，并不存在由单一传介形式决定的纯粹的口语体、书面语体或网络语体，总是需要结合功能意图、人际关系等其他语体变量才能确定一个相对完整的语体形式，而某个语体的语言特征，也必然是诸多语体变量综合作用的结果。如果仅关注传介形式，不考虑其他变量，也不考虑语言特征的话，就会使照本宣科念的文件也成为口语体，用文字如实记录下来的谈话也成为书面语体，用网络传播的纸媒新闻也成为网络语体……这显

然是错误的归类。所以，任何一个实际使用中的语体类型，必然是一组变量综合配置的结果。

不过，口语体、书面语体、网络语体毕竟是一种抽象程度很高的语体类型，背后的语体变量不会很多也不会很具体。对于一个交际过程来说，最小的变量类型包括交际者、传介方式、交际内容三方面，也就是解决了"什么人（交际者）用什么手段（传介方式）交流了什么信息（交际内容）"的问题。

根据以往语体研究的成果，我们不难在交际者、传介方式、交际内容这三个语体变量上把典型的口语体、书面语体和网络语体区分开来，见下图：

| 语体类型<br>语体变量 | 口语体 | 书面语体 | 网络语体 |
|---|---|---|---|
| 交际者 | 私人关系 | 陌生关系 | 私人关系 |
| 传介方式 | 口说 | 书写 | 网传 |
| 交际内容 | 一般社交内容 | 专业性内容 | 一般社交内容 |

从交际者来看，典型口语体的交际者主要是一种私人关系，大多属于熟人交际的范畴；典型书面语体的交际者之间往往并不熟识，只是一个写作者和预设读者之间的抽象关系；典型网络语体和口语体一样，不管是微信、微博的状态发布还是即时通信软件的交流基本是一种建立在私人关系基础上的交际活动。

从传介方式来看，如前所述，这里的传介方式应该包括媒质形式、传播手段、传播环境三个子变量，为了简便起见，概括为口说、书写和网传。

从交际内容来看，口语体主要用于社交性对话，如情感交流、信息沟通、观点互动等，主要目的在于社会性沟通，因此话题比较离散，内容比较随意；书面语体主要用于专业化陈述，如法律文书、学术研讨、新闻报道等，主要目的在于传播知识、信息，因此话题比较集中，内容比较周密；网络语体和口语体一样，主要内容也是生活中的社交性对话，比较日常随意。

当然，上述语体变量描述的都是这一语体的典型情况，并不能解释所有的具体类型，比如：学术演讲也属于口语体，但是交际者就不一定是私人关系，交际内容也不是日常随意的社交性对话；私人书信也属于书面语体，但是交际者就不是陌生关系，交际内容也不是正式周密的专业化陈述；微博、微信公众号的内容发布也属于网络语体，但是交际者就不是私人关系，交际内容也比较严肃严谨……对于这些语体中的边缘类型，我们要采取一种连续统的观念，意识到三大语体只是一种原型概念，它们之间并不是一个截然分开的状态，各自的语体变量也不是严格的区别性特征，只是典型特征而已。

### 2. 变量填充和变量添加

具体说来，口语体、书面语体和网络语体是一种非常概括的划分，只涉及交际者、传介方式和交际内容等几个基本变量。而在实际的交际过程中，这种概括的语体过于抽象并不能真正地进入到实际使用中，需要经过"变量填充"和"变量添加"的操作而落实为具体可执行的语体变体。

所谓"变量填充"，就是把交际者、传介方式和交际内容这几个基本的语体变量在实际指向和实现程度上具体落实。比如口语体的交际者是"私人关系"，在实际使用中，就要在交际者数量上落实为一对一交际还是一对多交际，在交际者社会关系上落实其亲疏程度，在交际者对话关系上落实为是否有交互性。再如网络语体中，交际者的"私人关系"这一概括性变量至少就可以落实为三种实际的交际者关系：一对一的私聊、多人网聊和朋友圈公开发布信息。

所谓"变量添加"，就是在交际者、传介方式和交际内容这几个基本的语体变量之外额外添加制约性的语体变量。比如在群聊中，技术条件可以允许几个人在同一时间发言，发言内容可以同时呈现（虽然呈现的内容在空间顺序上还是有先后之分的），这种发布方式的变量就决定了一种和日常会话不同的"话轮转换方式"；再如早期微博限定每次发布消息必须控制在140个字符以内，这个字数变量就造成了微博语言的"简约"特征。

通过"变量填充"和"变量添加"就可以使抽象的口语体、书面语体和网络语体落实为更加具体的语体变体，"变量填充"越细致，"变量添加"越多，得到的语体变体就越多。比如口语体通过"交际者"中"交互性/无交互性"的变量填充和"交际方式"中"对话/独白"的变量添加，就可以落实为"面谈语体/

演讲语体"；然后可以再通过"交际者"中"一对一/一对多"的变量填充、"交际方式"中"非正式/正式"的变量添加，进一步把"面谈语体"落实为"聊天语体"和"讨论语体"。

从理论上说，语体变量的不同填充方式和添加方式可能造成非常多的子变体，一些变量的逐层细分也可以产生子变体的不同层级体系，但是这些变体不一定在实际语言生活中占据同等重要的地位，也不一定会衍生出区别明显的语言特征，因此不一定具有语体研究的价值。

### 3. 网络语体的子变体

虽然我们把口语体、书面语体和网络语体处理为原型范畴，允许一些非典型边缘成员的存在，但是特殊的语言特征仍然是一个必备条件，如果缺少了特定的语言特征，相应的语体归类就不复存在。所以，并不是所有在网络技术条件下进行的语言活动都是网络语体，比如：利用网络技术进行的语音对话并不具有网络语体的语言特征，就不是网络语体，仍然是口语体；在网页上发布的新闻、论文、网络小说也保留了原来语体的语言特征，所以也不是网络语体，只不过是改变了传播媒介的书面语体而已。

据观察分析，目前的网络语体中运用范围比较广泛，同时具有明显语言特征的网络语体子变体主要包括三类：网络聊天语体、网络发布语体和电子邮件语体。

网络聊天语体：主要应用于QQ、微信等即时聊天软件，除网络语体的基本变量外，还包括内容随意、主题跳跃、互动性强等语体变量。网络聊天语体内部还可以根据参与对象的不同分为私聊语体和群聊语体。

网络发布语体：主要应用于BBS、博客、微博、QQ空间、微信朋友圈等网络空间进行"状态发布"。"状态发布"是一个网络术语，指的是在网络空间中公开展示自己的生活状态，只对自己选择的"虚拟朋友"公开，同时他人对发布的状态可进行反馈和讨论，其特殊的变量主要包括内容公开、反馈性弱、传播扩散欲求强等。

电子邮件语体：电子邮件是网络条件下最早出现的一种交际方式，目前仍具有较大的使用量，其主要的特殊变量包括交际对象明确、比较正式、有准备等。除了传介方式应用网络传播外，电子邮件语体已经偏离了网络语体的轴心，因此可以看作网络语体的边缘成员。

上述三种网络语体的子变体中，最典型的是网络聊天语体和网络发布语体。如未加特殊说明，本书将以此作为主要研究对象，并在下文中泛称为"网络语体"。

### 4. 网络语体和口语体的区别

另外，从口语体、书面语体和网络语体三种语体的对比中，我们也可以发现网络语体和口语体在交际者和交际内容两个语体变量上是完全重合的，区别只在于传介方式，因此有的学者认为所谓网络语体就是写下来的口语体，不需要单列一个专门的网络语体。我们不同意这样的观点，一则从口语体到网络语体传介方式变量的改变，不只是从口说到书写的简单转移，而是在媒质形式、传播手段和传播环境诸多方面的各种变化，引发了一系列迥异的语言特征，足以使大众产生不同的语体感；二则如果仔细分辨的话，在交际者变量上口语体的"私人关系"和网络语体的"私人关系"，在交际内容上口语体的"一般社交内容"和网络语体的"一般社交内容"，还是有着细微差别的，这些差别也决定了口语体和网络语体的不同语言特征。

在口语体的"私人关系"中，虽然也有一对多的讨论和演讲，但还是以一对一的熟人对话为典型，和交际者有关的主要语言特征都由此激发。但在网络语体的"私人关系"中，虽然一对一的网聊也很普遍，但和交际者有关的主要语言特征却不肇始于此，而是来自于微信、微博、论坛等所谓"朋友圈"交际。"朋友圈"也是一种"私人关系"，也包含了现实世界的亲戚、朋友、同事、邻居等熟人，但同时"朋友圈"更多的是虚拟世界的"朋友"，相互之间因为职业、爱好、地域等或近或远的关系而聚集在一起，有时候甚至除了一个网名外相互之间一无所知，其实带有很强的匿名性质。这样的"私人关系"肯定同现实世界的"私人关系"有所不同，也会促生一些不同的语言特征。此外，"朋友圈"的"私人关系"在交际数量上是一种特殊的多对多交流关系。多人自由发言，对其的回复反馈可以稍后展开，这也是一种很特殊的交互性，成为另外一些语言特征的重要动因。

在交际内容上，同样由于网络语体的典型表现是虚拟世界的"朋友圈"交际，所以网络语体和口语体的"一般社交内容"也是有区别的。口语体的交谈内容是比较私密的，事先无准备，话题转换松散，内容比较随意；而网络语体以"朋友圈"状态发布为例，虽然内容也比较随意，但并不完全是私密性话题，往往经过筛选后带有一定公众性，即使是家长里短也是一种可以公开展示的内容，发布之前有一定的准备，内容和结构都比较完整，并且希望在"众声喧哗"中得到更多人的关注。

综上，决定网络语体的语体变量主要是传介方式，但单一的变量并不能决定一种语体的全部属性，对于网络语体而言，在传介方式变量以外，交际者、交际内容这两个变量都参与了网络语体的塑造过程。而网络语体的这两个变量在整体上和口语体一样具有"私人关系"和"一般社交内容"的特点，但在细节上却有很大的不同，由此也催生了和口语体完全不同的语言特征。

## 四、由网络语体变量决定的语言特征

我们遵循的语体研究过程是：一组语体变量的配置产生了一个特殊语体，并由此决定了成系统的语言特征。根据以上研究，典型网络语体的语体变量可以由抽象到具体地刻画如下：

A 交际者：私人关系

a 虚拟朋友（具有一定匿名性）

　　b 特殊交互性（对内容有选择地反馈）

　B 交际内容：一般社交内容

　　a 随意化

　　b 公开性

　　c 有准备

　　d 求关注

　C 传介方式：网传

　　a 视觉符号

　　b 网络传播（键盘输入，网络传输，电子屏幕输出）

　　c 同时异地（时间现场性，空间非现场性）

　　由这些语体变量出发，网络语体的一系列语言特征就能获得相应的动因解释了。有些语言特征是由单个语体变量决定的，如"视觉符号"这个语体变量就决定了网络语体中必然存在大量的"形貌修辞"现象（见第五章第四节）。但大多数语言特征是由几个语体变量协同决定的，如"社交内容"和"视觉符号""同时异地"这一组变量共同决定了网络语体中存在特殊的"示情手段"（见第二章）。

　　从第二章开始，我们将对网络语体的特殊语言特征进行深入研究，并阐明背后语体变量的解释因素。

# 第二章　网络语体示情手段

## 第一节　网络语体的示情原理

"表情达意"是人们对语言作用的朴素认识，但其中也包含了对语言交际两大功能的洞见：第一，达意功能，即传递理性信息的功能，语言使用者借助词汇、语法手段组织命题来传达逻辑意义，这是语言的首要功能。第二，示情功能，即展示情绪、情感的功能，语言使用者借助语言手段来传达内心的感性情绪，这是一个以往研究中被忽视的重要功能。

在网络语体中，因为语体变量——传介方式的特殊性，示情功能的问题被凸显出来，成了网络语体的一个重要特征。反之，在网络语体的观照下，我们也有可能对日常语言的示情手段进行反思，从而加强我们对示情手段的研究和认识。

### 一、示情手段

我们先对能够实现示情功能的示情手段进行界定和分类。

所谓示情手段，是指交际活动中为了表现非命题性的情感或情绪而使用的表达手段。示情手段可以分为自然示情手段和语言示情手段。

### 1.自然示情手段

自然示情手段是人类在交际中基于动物本性而产生的示情手段，是一种人体本能的应激反应。人类情感或情绪的变化必然会引发体征发生相应的变化，如血压、脉搏、心跳、表情、身姿、动作、嗓音的变化，其中能在交际时被交际者现场观察到的体征变化，就可以成为交际者情感或情绪的外在表现，成为一种天然的示情手段。

可被现场感知的自然示情手段主要包括面部表情、身姿体态、行为动作和嗓音四类，前三类基于视觉感知，嗓音则基于听觉感知。

自然示情手段并非为人类独有，也被动物广泛使用。

### 2. 语言示情手段

语言示情手段是进入语言系统，通过语言单位来表现情感或情绪的示情手段，具体又可以分为自然规约手段和语义表述手段。

自然规约手段是对部分自然示情手段进行符号化规约的结果，其示情基础依然是人类情绪的应激变化，但是这种变化已经不处于自发状态，而是表现为特定的语言符号，并且能进入口语的线性表达序列中。通俗一点讲，就是人类发展出语言交流的方式后，语言系统对部分自然示情手段进行了符号化"收编"。

在面部表情、身姿体态、行为动作和嗓音四类自然示情手段中，前三类是基于视觉系统的，和基于听觉系统的口语交际并无冲突之处，可以作为口语表达的有效辅助手段而自然留存。但是基于听觉系统的噪音则和口语表达的语音使用了同样的生理/物理载体，因而语言系统就有可能对之进行符号化改造，进而形成了一系列语言内的自然规约手段，具体表现在三方面：

第一，能够独立发出并表达情感或情绪的噪音（独立性音段成分），被规约化为语言系统中的叹词。叹词首先在发音上被音位系统改造，具有了合乎音位规范的能指；其次在意义上被类型化，形成了比较明确的情感性所指意义；最后，叹词还获得了独立成句的句法功能。

第二，占据独立音段位置但又必须依附于其他语音单位来表达情感的噪音（附着性音段成分），被规约化为语言系统中的语气词。语气词同样经历了能指上的音位化和所指上的类型化，进而变成了语言中具有特定句法功能的虚词成分。（语气词的来源大多已不可考，学界对其的研究也不够充分，但大致说来可以分为两类：一类来自于附着句末的示情性噪音，如古代的"兮""乎"等，现代主要是口语表达中的一些语气词，如"啊""呀"等；另一类则是实词虚化的结果，如古代的语气词"已"来自动词"已"，"耳"是"而已"的合音，现代汉语中的"吗"来自"无"。我们这里所论的主要是第一类。）

第三，不占据独立音段位置因而必须依附于其他语音单位才能表达情感的噪音变化（超音段成分），如附着在语音流上的快慢、高低、疾缓等语音特征，其中重要的部分稳固地和句子模型配合，形成了语调这种句法手段（在书面语系统中可以转写为标点符号）。其他不太重要的部分则保留其自然示情属性，成为口语表达的副语言特征（副语言特征并没有被语言系统收编）。

以上这些自然规约手段都形成了语言系统内的符号单位，但其能指、所指之间都是具有理据性的，能指语音是果，所指情绪是因，理解过程是由果溯因。这是语言符号中的另类成员，和能指、所指之间具有任意性关系的任意性符号有很大的区别。

语义表述手段是利用符号的语义内容来表现情感或情绪的语言示情手段，根据所利用语义内容的不同类型，可以区分为以下两种情况：

第一，利用概念意义直接示情。

语言符号的概念意义不仅可以对外在事物进行编码，也可以对人类的内在情感或情绪进行编码，形成一系列情感形容词和心理动词。这样就可以使用包含这些词语的语义命题直接示情，如说"我很高兴""我生气了""我爱你""我嫉妒他"等。

此外，凡是能表现人类情感或情绪变化的人类体征变化，都可以在语言系统中概括为特定词项，我们可以利用包含这些词项的命题来描述体征变化，并从这些体征变化去推理出相应的情感或情绪，从而达成用概念意义来间接示情的语言功能。如可以被观察到的作为自然示情手段的面部表情、身姿体态、行为动作和嗓音，用命题表述为"我哭了""身子抖个不停""拍桌而起""声音颤抖"等，都在间接展示情感或情绪。而在现场不能被直接观察到的血压、脉搏、心跳等体征变化，也能被命题表述从而间接示情，如"血压飙升""心跳急剧加快"等。

第二，利用感受意义示情。

语言中某些词项的概念意义和人类的情感反应有较强的关联，因而就会带上一些附加性的情感意义，为了和概念性的情感意义区别，我们不妨称为感受性的情感意义。如"母亲""祖国""鲜花"等会带来好的情感体验，而"垃圾""害虫""癌症"等则与之相反。在一定语境下，感受性的情感意义会得到凸显，概念意义会虚化甚至消失，从而发展成为一种新的专用示情手段，最典型的就是原来具有概念意义的詈骂语往往会虚化为类似于叹词的示情手段，如"活见鬼""笨蛋"等。

## 二、语体变量对示情手段的制约

### 1. 交互性、正式性变量决定示情需求

一种语体是否需要使用示情手段以及使用示情手段的频率高低，是由交互性、正式性等语体变量决定的。一般说来，交互性高、正式程度低就会更多地依赖示情表达，要求较高频率地使用较丰富的示情手段；而交互性低、正式程度高就会较少地依赖示情表达，低频使用简单的示情手段就能满足示情需求。比如面谈语体的交互性很高、正式程度很低，很多交流内容就会依赖于情感或情绪的沟通，各种示情手段使用频繁。而法律语体交互性很低、正式程度很高，除了有限使用的语义表述手段外，就几乎看

不到其他示情手段了。

## 2. 传介方式变量决定示情类别和示情方式

传介方式这个语体变量决定了可供选择的示情手段和示情方式的类别。示情手段的类别即上文所述自然示情手段和语言示情手段及其小类。示情方式的类别是指示情手段在"发出者表达—接受者反应"过程中采用的不同实现方式，主要可以分为"实示反馈"和"编码再现"两类：

发出者直接面向接收者使用示情手段，接收者可以即时感知，并及时作出反馈，这就是"实示反馈"。如面谈时，不管使用何种示情手段，接收者总是能当场感受并作出相关反应的。

发出者不能直接面向接收者使用示情手段，示情手段在接收者那里延时再现，接收者通过事后解码来获取示情效应，这就是"编码再现"。比如写传统书信时，使用的示情手段都必须通过异时异地的接收者解读以后才能完成示情过程。

第一章中我们把传介方式分为三个子变量——传播环境、传播手段和媒质形式，这三个子变量在决定示情手段和示情方式时，起着复杂交错的作用。

首先，传播环境子变量区分为现场性和非现场性两个参数。现场性意味着可以进行面对面的交际，因而可以利用一切示情手段，既可以是语言示情手段，又可以是自然示情手段，既可以是视觉性示情手段，又可以是听觉性示情手段。而非现场性则意味着交际者分处于不同的时空环境中，只能根据传播手段和媒介形式的不同限制选择有限的示情手段。在示情方式上，现场性决定了实示反馈的方式，非现场性决定了编码再现的方式。

其次，传播手段子变量决定了示情手段的传输方式，因而也决定了示情手段的类型，如空气可以传输听觉性示情手段，纸媒可以传递视觉性示情手段。传播手段还同时决定了示情方式，空气可以支持实示反馈的方式，纸媒只能支持编码再现的方式。

最后，媒介形式子变量主要决定了语言内示情符号的呈现方式，听觉符号可以直接使用语音性质的示情符号，视觉符号必须把语音示情符号转写为视觉符号形式之后，才能用于书面语交流，如口语中的叹词、语气词被转写为文字符号，超音段性的语调被转写为标点符号。此外，听觉符号采用的是实示反馈的示情方式，视觉符号则是编码再现的方式。

### 3. 示情需求和示情手段、示情方式相互匹配

一般情况下，每一种语体的示情需求与示情手段、示情方式之间都磨合出了一种相互匹配的格局。如面谈语体具有高示情需求，与此同时其"现场性"和"空气传播"的特性也使面谈可以利用所有的自然示情手段（表情、体态、动作、嗓音等）；在语言示情手段中，自然规约手段和语义表述手段也是频繁使用；自然示情手段和语言示情手段相配合，共同实现了"实示反馈"的示情方式。相对地，法律语体具有较低的示情需求，其"非现场

性"和"纸媒传播"的特性也杜绝了一切自然示情手段，只能使用语言示情手段，而且主要集中于语义表述手段。与之相匹配，法律语体的示情方式也是"编码再现"。

总之，在不同语体的示情需求和示情手段、示情方式之间往往存在着一种匹配模式。高示情需求对应示情手段的丰富性，同时对应实示反馈的示情方式；而低示情需求对应示情手段的贫乏性，同时对应编码再现的示情方式。以典型的口语体和书面语体为例，可以概括为下图：

|  | 示情需求 | 示情手段 | 示情方式 |
|---|---|---|---|
| 口语体 | 高 | 所有自然示情手段<br>高频的语言示情手段 | 实示反馈 |
| 书面语体 | 低 | 没有自然示情手段<br>低频的语言示情手段 | 编码再现 |

## 三、网络语体的示情用法

虽然示情需求、示情手段、示情方式三者之间具有一种匹配规律，但是随着科技的进步，人类交际的传介方式不断发生着变化，近年来更是出现了全新的网络交际模式，导致了三者严重不匹配的情况。

### 1. 网络语体传介方式的革新

网络的出现带来了传介方式的巨大革新：

在媒质形式上，网络语体使用的是通过键盘输入的视觉符号，主要是文字和标点符号，这点和口语交际完全不同，和书面交际倒很接近。

在传播手段上，网络语体使用的是网络技术，可以高速有效地传输信息，其传输时间可以忽略不计，完全实现即时反馈，这点又和书面交际完全不同，而和口语交际很接近。

在传播环境上，网络语体更是出现了前所未见的局面，一方面交际双方分处两地，无法感知对方，表现为空间非现场性；另一方面，交际双方又可以利用眼前的两块电子屏幕，同时呈现同样的信息，这些信息还可以随着交际的深入不断同时更新，表现为时间现场性。

## 2. 网络语体示情需求和示情手段的矛盾

网络语体的时间现场性克服了空间非现场性的阻碍，从而实现了视觉符号的即时交际，这是一种新技术背景下的全新交际方式，但从示情表现来看，其示情需求和示情手段的配置却产生了相互背离的困窘。网络语体的交际过程和口语面谈非常类似，交际双方就某一话题展开交流，不断交换话轮，相互之间进行即时反馈。也就是说，网络语体和口语面谈一样具有交互性和非正式的特点，因此同样也提出了很高的示情需求，但是两者在传介方式上却有着巨大的差异，口语面谈的传介方式是：

听觉符号序列—空气—空间现场性/时间现场性

因而面谈可以利用所有的示情手段采用实示反馈的示情方

式，以满足高示情需求。

网络语体的传介方式可以被归纳为：

视觉符号序列—网络传播—时间现场性/空间非现场性

这就决定了网络语体只能使用视觉化的语言示情手段，即文字形式的自然规约手段和语义表述手段等，这些手段是非常有限的，完全无法满足高示情需求。

而且，网络语体的高示情需求不仅来自于交互性和非正式变量，还来自于"时间现场性"带来的交流渴望：交际双方已经处于同一个时间中，强烈地激发了向对方实示情绪的欲望，迫切希望克服空间的阻隔实现情绪的实时交流。这一点可以和传统书信进行比较，传统书信同样也具有交互性、非正式性的高示情需求，同样也是使用视觉符号的媒介形式，但是其传播环境既是时间非现场性也是空间非现场性的，因而就不会产生实示情绪并获得即时反馈的强烈欲望，使用原有的能够延时再现的语言示情手段也就够了。

### 3. "虚拟实示"的示情方式

网络语体示情需求和示情手段之间的巨大矛盾，促使语言系统发展出全新的示情方式来满足情感或情绪交流的需要，这就形成了在面谈语体和书信语体中都没有出现过的"虚拟实示"的示情方式。

所谓"虚拟实示"，就是利用网络技术，将原先交际双方只能在同一空间现场中感知的示情成分，同时实示在分处两个空间现场的两块电子屏幕上，从而使屏幕前的双方产生在同一空间现场感知它的效果。在现有的网络语体场景中，虚拟实示的示情手段最典型的就是表现人物表情、体态、动作的头像或图片（表情包），这些示情手段都是语言外的，虚拟实示的结果增强了面对面交流的效果——仿佛双方处于同一空间，可以互相观察到对方一样。所以，"虚拟实示"其实是依赖"虚拟的空间现场性"展开的，其高仿真阶段即视屏对话，可以把分处异地的交际双方的影像和周遭环境都在电子屏幕上直接相互呈现，而不是简化为表情或动作符号，这就仿佛制造了一个双方可以互相观察的虚拟空间，产生了更强的空间现场性的感觉。目前的网络语体显然仅是一种低保真的虚拟实示，它还需要把现场因素转换为视觉符号序列才能在异地的屏幕上同现，这就促使语言系统产生了相应的巨大变化。

### 4. 网络语体的示情原则

要想使示情手段在网络语体中实现虚拟实示，要满足三个示情原则，分述如下：

*示情原则 I　规约化原则——网络语体中的示情手段必须是规约性的示情符号*[1]

---

1　这里的"符号"用法是广义的，泛指能指、所指定型的媒介物，不限于任意性符号，也包括因果性符号、象似性符号。

示情手段只有经过符号化操作，通过能指、所指的规约，产生了具有编码和解码共识的示情符号，才能在网络语体的虚拟实示中起到示情作用，如交际者临时任意使用未加约定的示情手段，就有可能因无法解读或者误解而导致交际障碍。

其实，在自然口语中这种规约化的符号约定早已广泛发生，如前述语气词、叹词的形成都是对自然示情手段的一种规约。而在网络语体中，除了利用原有的符号化机制进一步扩大符号化的范围外（即增加更多新的叹词和语气成分），还对表情、体态等原来没有经过规约化操作的示情手段进行了约定，使之成为新的示情符号。

示情原则Ⅱ 视觉化原则——网络语体中的示情手段必须实现视觉感知

在网络语体的虚拟实示中，示情符号必须在分处两地的两块屏幕上共现，因而所有的示情手段都必须通过视觉化改造获得视觉能指后才能出现在交际中。

这种视觉化改造分为两种，一种在文字记录语言的时候已经发生，即用字形和标点记录口语中的语气词、叹词、语调等听觉示情手段；另一种则是把表情、体态等原来口语中现场实示的示情手段也转化为视觉性图像，这是原来口语中所没有的创新性手段（在这种情况下，示情原则Ⅰ中的符号化操作和示情原则Ⅱ中的视觉化操作是同时发生的）。

示情原则Ⅲ 线性化原则——网络语体中的示情手段必须纳

入线性序列

网络语体虽然发展出虚拟实示的新示情方式，但毕竟仍是以语言系统为主要媒体的交流活动，不可能激变为立体型的图像交流。所以网络语体中还是要遵循文字表达的线性惯例，把所有的视觉示情符号编入线性序列中。

### 5. 网络语体的示情策略

为了通过虚拟实示的示情方式满足网络语体的高示情需求，网络语言一方面需要创设全新的网络示情手段，另一方面又要增生新的语言示情手段。同时，这种创设和增生都要受到以上示情原则的制约，于是就产生了三种策略：

策略一：创设图像示情手段

利用虚拟实示的平面化、视觉性特点，把自然示情手段中无法规约化的面部表情和身姿体态规约化，从而创设口语和书面语中不具备的新型图像示情手段，即表情符号、颜文字、绘文字等视觉性示情符号，丰富网络交际中示情手段的类型。

策略二：拓展语言示情手段

利用已有的语言示情手段生成机制，进一步发掘潜力，拓展更多的语言示情手段。在自然规约手段方面，更多的音段成分被符号化，产生了很多网络新叹词和新语气词；更多的超音段成分被符号化，产生了很多新的标点符号和新的用法。在语义表述手段方面，更多的情感词被创造出来。

策略三：增生修辞用法手段

网络语体创造了很多全新的用法，其中一些具有示情功能，也属于语言示情手段。在日常语言中，修辞手段很少是为了示情目的而产生的，但在网络语言中，由于高示情需求的促动，产生了一些主要用于示情的修辞手段，比如一些特定的句法格式，或者哭笑类拟声词、表情动词、动作动词的特殊用法等。

以上三种策略所产生的具体示情手段我们将在以下三节中详加描述。

加入网络语言后，三种常见语体在示情需求、示情手段和示情方式上的异同就可以归纳为下面的表格：

| | 示情需求 | 示情手段 | 示情方式 |
|---|---|---|---|
| 口语体 | 高 | 所有自然示情手段<br>高频的语言示情手段 | 实示反馈 |
| 书面语体 | 低 | 没有自然示情手段<br>低频的语言示情手段 | 编码再现 |
| 网络语体 | 高 | 视觉化的图像示情手段<br>大量新创的语言示情手段 | 虚拟实示 |

# 第二节　创设图像示情手段

网络语体在示情手段上的最突出表现是创设了大量图像示情手段，这是传统的口语体和书面语体都完全没有的示情手段。

## 一、图像示情手段的类型

### 1. 表情符号的诞生[1]

表情符号是利用键盘上的英文字母、标点符号、特殊符号等组合而成的复合符号，是对人类表情的图画性模拟，主要描摹了眼睛和嘴巴两个部位。

据资料显示，1982年9月19日，美国卡耐基梅隆大学斯科特·法尔曼（匹兹堡计算机科学教授）在网络论坛上第一次输入字符":-)"，这是人类历史上第一个互联网表情符号。法尔曼发明这个字符，是想减少论坛里的"火药味"，让网友们愉快地聊天。[2]

此后，"表情符号"开始了它在互联网世界的传奇生涯。许多即时通信软件和论坛开始应用更多的类似图案来表示各种心情，20世纪末在英语中还创造了一个新词emoticon，即将情绪（emotion）与图案（icon）两个单词合并，专门来指称这类表情符号。

早期的一些重要表情符号如：

:-) 微笑　　　　　:-( 不悦

;-) 使眼色　　　　:-D 开心

:-P 吐舌头　　　　:-C 很悲伤

---

1 本节部分史料内容参考了百度百科"表情符号""颜文字""绘文字"条目。

2 参考《表情符号带来全球看"脸"时代》，载2015年9月23日《北京日报》。

## 2. 颜文字

表情符号在美国诞生以后，迅速在日本发育壮大，并发展出了"颜文字"的概念。"颜"的意思就是"脸"，"颜文字"就是用字符描摹脸部表情来反映使用者的心情。"颜文字"用"*""∧""-"等符号做眼睛，"_""o"等符号做嘴巴，制作出∧_∧、*_*、∧o∧、∧_~之类的表情，也可以在人脸旁边加上别的符号，表现更为丰富的表情，如"-_-|||"表示"尴尬无奈"，"-_-b"表示"窘得冒冷汗"等。

和早期表情符号相比，颜文字的种类更为丰富，表达情感更为细腻，同时也使横排的表情图案（使用者要顺时针横转90度才能看清图案）变为更容易理解的竖排图案。

一些常见的颜文字如：

@_@　　　　晕头转向的样子，表示疑惑。

∩_∩　　　　微笑的样子，表示开心。

T_T　　　　流眼泪的样子，表示伤心。

:p　　　　吐舌头的样子，表示调皮。

*∧_∧*　　　　脸红的样子，表示害羞。

╰_╯　　　　眉毛竖起来的样子，表示发火。

虽然名为"颜文字"，但其实不只是用来刻画脸部表情，也可以加上手部和其他部位，用来临摹体态和身姿，如：

p(∧o∧)q　　　　双手握拳，表示鼓励加油。

*\(∧_∧)/*　　　　拿彩球，为你加油。

m(-_-)m　　　　两手张开高举，表示投降认输。

o -_-)=○)゜O゜)　　　给你一拳！

( ∪.∪ )... zzz ZZZ　　　打呼噜。

Orz　　　一个人跪倒在地的样子，表示佩服崇拜。

颜文字还可以更精细地区分细腻的情绪，如"笑"的表情就可以细分为：

^_^　　　　微笑的样子，快乐。

o(∩_∩)o　　　　弯着眼睛笑的样子，开心。

~~~^_^~~~　　　　笑得连眼泪都出来的样子。

颜文字在日本兴起有其客观原因：第一，日本深厚的动漫文化使民众更乐于接受图像符号。第二，日本人崇尚礼仪，人际交往中有更多的情感交流需要。第三，日文文字的假名系统提供了更多样化的表情制作材料，有更多形状的字符可供选用来构成表情符号。下面就是一些利用了假名符号构成的颜文字：

(っ´▽`)っ　　　抱抱

(っˆ///ˆ)っ　　　害羞的抱抱

。:゜ヽ(*´∀`)ノ゜.:。　　　　撒花

( ´ ▽ ` )ノ( ´ ▽ ` )っ　　　喂

ヾ(*´∀`*)ノ　　　高兴、欢乐

ヾ(●´▽`●)ノ　　　害羞（高兴）

颜文字虽然在日本诞生，但早已被广泛接受使用，其中经典的部分已经成为世界通行的表情符号。

### 3. 绘文字和emoji

"绘文字"同样由日本首先创造使用，其假名写法是えもじ，罗马音是emoji。绘文字中的"绘"即"绘画"的意思，顾名思义，可以把"绘文字"理解为"颜文字"的进一步图像化，即用图片的方式表现人物的表情和其他相关内容。

1999年，受NTT手机通信公司委托，日本艺术家栗田穣崇创作了176个12×12像素的小图像，在日本网络及手机用户中迅速流行起来，这就是最早的绘文字。见下图：

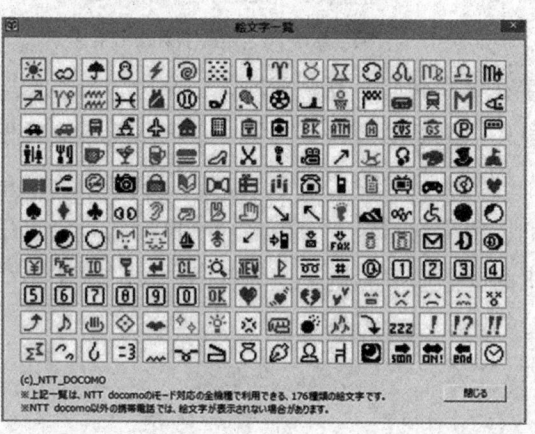

绘文字的影响力很快就冲出日本，风靡世界。不久之后，绘文字的罗马注音"emoji"就成为一个新的英语单词，进入英语世界。"emoji"也比"绘文字"这个名称更加为人熟知，成为表情符号的升级换代产品。

目前手机操作系统iOS（苹果手机系统）、Android（安卓手机系统)、WindowsPhone（微软手机系统）和电脑操作系统Windows（微软视窗系统）、Mac OS X（苹果Mac系统）均内设emoji表情。此外，QQ、微信等即时社交软件中也都添加了emoji表情。emoji表情库本身也在不断扩容，目前已达几百个之多。

　　下图为部分emoji表情：

　　有一个例子可以说明"emoji"的影响力：《牛津词典》在线版本每年都会评选出一个年度词，2015年年度词由绘文字emoji中的😂（Face with Tears of Joy）夺得，这意味着emoji表情在某种程度上已经获得语言符号的地位。


### 4. 表情包

　　在汉语的网络交际中，还出现了一种含有特定对象表情、动作的表情图片，表现形式非常丰富，而且往往以成系列的方式出现，因此被称为"表情包"。后来这一复数名称的意义发生了泛化，也可以用来指单个的表情。

　　表情包按照不同的标准可以进行不同的分类：按照对象性质分类，可以分为真实存在的明星照片、普通人的照片和非现实的动漫形象三类。按照图文关系分类，可以分为纯图像、图像和文字配合、纯文字三类。按照图片属性分类，可以分为静图和动图两类。按照制作来源分类，可以分为民间制作和商业化产品两类。前者是普通网民自己制作的图片，后者是商业公司请人开发制作的表情图片，往往是成系列的，供人免费或付费使用。

表情符号、颜文字、绘文字、表情包，大致构成了网络语体中图像示情手段的发展轨迹。

## 二、图像示情手段的产生动因

图像示情手段并不像一般人认为的那样是一种纯粹的娱乐现象，其产生和发展有三个根本的动因：交际动因、心理动因和技术动因。

### 1. 交际动因：示情手段

交际动因是图像示情手段产生的根本动因。如前所述，在网络交际中，出现了示情需求和示情手段不匹配的情况：网络交际和口语交际一样，交互性高、正式程度低，因此有很高的示情需求，但是因为空间阻隔又不能使用自然示情手段，因此需要发展出新的示情手段来解决较高示情需求和较少示情手段的不匹配问题。网络媒介为弥补这一不匹配现象提供了技术支持：交际双方虽然分处不同时空，但是可以即时对话反馈，因此所谓的"现场性"就可以分解为"空间现场性"和"时间现场性"两个维度。网络交际具有"时间现场性"，缺少"空间现场性"，但可以利用时间现场性把一系列空间现场性中的示情手段同时再现于分处两个空间的电子屏幕上，从而达成情感的交流，这就是"虚拟实示"。简单点说，就是将面部表情、身姿体态、行为动作等自然示情手段进行图像化虚拟，再通过网络传输在交际双方的电子屏幕上同时出现，从而达到不见其人却现其情的效果，弥补了网络交际中示情手段严重不足的缺陷。

显然，图像示情手段正是"虚拟实示"的最重要内容，不管是表情符号、颜文字、emoji表情，还是各类表情包，都是把现实中交际双方的真实表情、身姿和动作图像化，然后成为网络交际中可视化的示情符号。从交际动因角度看，从表情符号到颜文字到emoji表情再到表情包的发展，其满足示情需求的本质功能都是相同的，区别就在于相似程度、丰富程度、细腻程度不断增加，这也正是和网络技术不断发展（传输速度加快、传输成本降低）的过程同步的。

### 2. 心理动因：游戏心态

不可否认，在图像示情手段的发生发展过程中，网民的游戏心态也是一个重要动因。如果说早期的表情符号和emoji表情的功能性还大于游戏性的话，那么到了后期的表情包，越来越夸张的形象，越来越偏激的台词，越来越泛滥的使用，其游戏性就开始超越功能性，很多表情包直接成为搞笑的工具，在网络交际中也出了一种名为"斗图"的游戏方式。

### 3. 技术动因：网络支撑

在图像示情手段的发展过程中，技术条件也起到了推波助澜的作用。

近一二十年来，网络交际所需的硬件配置不断升级，电脑、智能手机的性能越来越强，价格越来越便宜。随着无线网络的普及，网络交际可以随时随地进行，信息的传输速度越来越快，上网资费也越来越亲民。这些基本技术条件的支撑，使网络表情可以在数量和质量上不断改善，从而表现出各种各样复杂细腻的表情。

目前，在各种输入法软件中都已经内嵌相应的图像输入程序，交际者使用网络表情和输入字符一样变得简单易行。与此同时，也出现了大量表情制作软件，每个网络使用者都可以轻松使用这些软件，方便快捷地创作属于自己的网络表情。

所有这些技术条件的不断成熟，都保证了图像示情手段可以超速发展，去满足示情动因和游戏动因对各种图像手段的使用要求。

## 三、图像示情手段的规约化

口语中的示情符号其能指是听觉性的语音，因而只能通过任意性方式用概念意义来对视觉性的自然示情手段进行符号化操作。但是网络语言是基于视觉符号的，就有可能采用象似性方式直接对视觉性的自然示情手段（面部表情、身姿体态和行为动作等）进行符号化操作，形成一种不经过口语符号中介的图像化符号。这是网络语体特有的方式，没有口语符号的中介也是图像示情手段和文字符号的最大区别。

然而，图像示情手段仍然是一种语言符号，不能像一般图像一样仅仅依靠象似性来传达信息，而要依赖规约性来明确能指和所指之间的勾连。

第一个层次的规约在于图像能指和所指对象之间的规约。

某个图像符号到底描摹的是一个什么对象，在很多时候不成问题，但在有些时候也会出现误解。早期有些表情符号能指形式和所指对象之间相似性程度比较低，尤其需要依赖规约性来确定对象。比如emoji表情里有一个图像，欧美国家的使用者一直以为是个吉祥物，但其实这个emoji来自日本文化，是一个"大便"的图像。事实上，把大便看作吉祥物也不算错得离谱，在日本文化中，"金大便"是好运的象征，日语"大便"的发音与"运气"相似。

第二个层次的规约在于图像所指对象和所指意义之间的规约。

示情图像一旦进入网络语体，就成了一种具有一定抽象性的符号，在所指对象的基础上发展出一定的所指意义。而这个所指意义是什么，也是需要网络语体加以规约的，不少示情图像在使用中产生过误会或者困扰。

以色列有一家在线翻译公司对一些翻译工作者做过一个调

查，发现在不同地区，大家对某些表情符号的理解是不同的。比如，"女生双手交叉于胸前" 这个emoji符号，一些西班牙语翻译者会理解为"马上停止"，另一些西班牙语翻译者则理解为"功夫打斗"，而印地语翻译者则解读为"别打扰我"。emoji官方给出的所指意义是"离我远点儿"。[1]

有一个真实的案例综合反映了上述两种规约：2015年8月12日，天津塘沽发生爆炸事件，遇难者众多，大家纷纷在社交网络上用"双手合十" 的emoji表情寄托哀思。有人说用错了，这个表情不是"祈祷"（prayer hands），而是"击掌欢庆"（high five），于是大家的哀悼都变成了可怕的"庆祝"！

在这个例子中，争论在两个层面发生：在所指对象层面，到底是"一个人双手合十"还是"两个人击掌相庆"？在所指意义层面，到底是"祈祷"还是"庆祝"？最后，争论的结果还是"祈祷"派占了上风，目前这个emoji表情的所指意义也通过这次事件被规约化为"祈祷"。

有些示情图像在使用过程中，还发生了所指意义的变化，最著名的例子就是emoji中的"微笑"和"再见"这两个表情： 。

在年轻人那里，微笑表情因其诡异的眼睛视线，已被当作"虚伪的微笑"在使用，而其意义也变成了"不以为然，但不想

---

1 参见《表情符号有文化差异 不同语言理解不同》，新华社 2015 年 8 月 18 日。

和你多争论，你开心就好"的复杂含义。而再见的表情则引发出了"不想和你多说话""友尽"等否定含义。

这种规约意义的变化和语言符号的意义演变如出一辙，有力地说明了图像示情手段在象似性之外已经具有了相当大的规约性，能够表达各种复杂抽象的含义。

# 第三节　拓展语言示情手段

除了创设新的图像示情手段以外，利用已有的示情手段生成机制拓展更多的语言示情手段，也是网络语体发展示情手段的重要途径。

这种拓展分两个层面展开：

在自然规约手段方面，更多的音段成分被符号化，产生了很多网络新叹词和新语气词；更多的超音段成分被符号化，产生了很多新的标点符号和新用法。

在语义表述手段方面，更多的概念性情感词被创造出来，很多原本不具有情感意义的词语也带上了感受性情感意义，表达情感的词汇更丰富了。

## 一、网络新叹词

如第一节所述，嗓音中用来示情的音段成分有两种，独立性音段成分和附着性音段成分，被语言系统规约后的产物分别是叹词和语气词。网络语体中除了使用原来书面表达中已规约的叹词和语气词外，还对更多的音段性成分进行新的规约，由此生成了很多新的叹词和语气词。

我们先来看新叹词，新叹词主要包括来自口语的新叹词、来自方言的新叹词、来自外语的新叹词、脏话演变的新叹词这几类。

### 1. 来自口语的新叹词

我们收集到来自口语的新叹词主要有"切""额"等，它们在口语中其实是大量存在的，但是在规范的书面语中不会出现，以至于没有汉字来记录它们，网络语体中采用了"假借"的方法，用别字来记音。下面分别举例说明其不同用法[1]。

"切"常用来表达一种不以为然、不屑一顾的情绪，如：

（1）切，你以为穿了马甲我就不认识你了？

（2）见过什么奇葩馅儿的汤圆？

　　切，那些都算什么奇葩

　　我在家做的汤圆，不带馅

"额"可以表示出乎意外的情绪，如：

（3）额，一个摇滚歌手，回家带孩子，对比太过强烈，强

---

1 从本节开始，我们将使用来自网络聊天或微博的真实语料，为了节约篇幅，不再一一指明具体出处。对这些语料，我们将采取以下加工手段：①为了推广语言规范用法，对明显的错别字和病句进行修改。②为了呈现网络语言的原生态，对拗口的表达、中英文混用、创新的符号（如"～""。。。"）、标点误用（如句中用空格代替逗号、句末不加句号）等不做改动。③为了排版方便，一般情况下删除各种表情符号。

烈的对比，产生强烈的情感冲击，所以感动！

（4）他们说，当你觉得家重要了，说明你成熟了，额，是真的吗？

例（3）是对外在的情况表示出乎意外，例（4）是对别人的言论逻辑表示出乎意外。

但"额"还有其他用法：

（5）这学期看能不能学会这首歌，歌是没多大问题，就是Rap的部分，额，我只能说原唱实在是唱得太perfect了，我就尽力吧。

（6）说老板的坏话，结果发到老板那。我想撤回可手机卡住了。场面很尴尬，额，目前还没接到老板的电话。感谢老板不杀之恩。

上两例中，"额"表示的是不尽如人意的情绪，类似于"唉"的轻微版本，还带有一点俏皮的感觉。显然，这个不如人意的情绪是从出乎意外的情绪引申发展而来的，因为"出乎意外"所以有可能"不如人意"。下面两例则是两种情绪的综合，表示既出人意料又不如人意：

（7）无聊在家量了下身高，额，看样子我是真的过了长个子的年龄了。

（8）今天吃了泰餐……额，还是感觉中菜合胃口。

例（7）发现自己没长个是出人意料的，也不如人意；例（8）发现泰餐难吃是出人意料的，也不如人意。

**2.来自方言的新叹词**

除了口语中的叹词被借用，网络语体还引进了大量富有方言色彩的叹词来丰富自己的表情系统，如"矮油"：

（9）矮油，麻烦这次让他明白没有粉丝支持他能糊成什么程度好吗？呵呵，首页真是看得我一阵难受。

（10）矮油～～～应该是一年来第一次来运动吗？目前的状态只能坚持30分钟。乌龟一样的生活，要进展成兔子……为了活健康点。

（11）矮油，太师真是所有电视剧里最有魅力的反派了，又坏又帅，要不要这么好看哇！

"矮油"是模拟叹词"哎呦"的方言发音，用法多样，可以表示惊讶、调侃、讽刺等多种情绪。如例（9）是讽刺，例（10）是惊讶，例（11）是调侃。

再如"艾玛"：

（12）看到这些美味的泡芙，想象着第一口咬下去。艾玛，我的小心肝儿都酥了。

（13）艾玛，跑到爸妈房间一看电视，熟悉的音乐，更熟悉的服装，一看到这衣服就激动。

"艾玛"是模仿东北话叹词组合"哎呀妈呀"的发音，表示十分惊讶。

再如"我顶你个肺"和"额滴神"都是表示强烈情绪的感叹短语，也在网络语体中被广泛使用，如：

（14）我顶你个肺！！！这位大姐，别玩过火了，要相信因果报应哦！！！

（15）我顶你个肺哦，送衣服去干洗还把标给我洗没了，我最喜欢的大红袄呦！

（16）唱着古怪的歌，那小腰扭的！！额滴神啊！真有冲上前去一巴掌拍死她的冲动啊！

（17）元宵包肉馅？姜汤＋糖浆熬汤圆？额滴神！南北方又要吵起来了……

"我顶你个肺"来自粤语方言，表示对对方的极度愤慨。"额滴神"和陕西关中方言有关，表示极度惊讶。

### 3. 来自外语的新叹词

一些外语中的感叹成分也被引入网络语体，成为网络语体中的新叹词，如英语中的OMG，这是英语短语"oh my god（我的天啊）"的首字母缩写：

（18）OMG，竟然被忽悠了那么多年！

（19）貌似是闭关，失去自由、不见天日的一个月，OMG！

还有"纳尼"，是日语"什么"的音译，表示惊讶的情绪，如：

（20）纳尼？是肉肉诱惑我不是我吸引它！

（21）纳尼？？他居然是01年的？？？居然是小一岁半的弟弟……居然比我还小……这比当年听到某人是99的更要让我惊掉

了下巴啊啊啊!

来自方言和外语的感叹成分在使用中除了既有的表情功能外,还往往带有诙谐搞笑的次要功能,根源可能在于对影视剧中搞笑人物的发音模仿,如"额滴神"来自电视连续剧《武林外传》老板娘佟湘玉的口头禅,而"纳尼"则是电视连续剧《爱情公寓》中男主角之一关谷的口头禅。

### 4.脏话演变成叹词

在口语里,有人喜欢把说脏话当作发泄情绪的语言手段,有些脏话也因此逐渐摆脱禁忌,变成了单纯表达情绪的感叹用语,这种情况在网络语体里更为盛行。最常用的是谐音,如:

(22)各位我很好!有任何私信你们的请不要相信!

骗子!尼玛!

(23)特么的……没心情睡了……慌……

"尼玛"是"你妈"的谐音,"特么的"是"他妈的"的谐音,因为用了别字,所以降低了禁忌性。

在脏话谐音中,还有一个"我×"词族,谐音形式包括"我操""我草""卧槽"等,如:

(24)我操,这个人是女的,我看头像一直以为是个五六十岁的男的。

(25)我草,怎么回事怎么回事,怎么又和王炸一组,我真是够了……够了……够了……

（26）卧槽！！！这部剧中男主的情话简直苏炸天！男主一定是从小吃蜂蜜长大的吧，不然他说的话为什么都这么甜~虐狗

这些脏话的禁忌程度依次降低，其实就是出现的时间依次延后，和原来脏话的联系越来越远而已。

这一词族中还有一些来自方言的谐音，如"我靠/哇靠""我去""我丢"之类，模仿方言发音导致其禁忌性进一步下降，其他方言区的人可能就无法察觉这是脏话了。例如：

（27）我去，现在的妹子都这么直接了吗？？？

（28）我丢。。。这大半年做了无数个schedule。。。

上述这些变化都或多或少减低了脏话的不雅程度，有不少已经成为一种表达愤怒情绪的手段，甚至被很多年轻女性所习用，这在传统社会文化中是不可想象的。

最接近叹词的是简省为单音节的"靠"和"操"两个，它们的作用和分布与叹词几乎没啥两样，已经可以认为是一个准叹词了。如：

（29）操！真的有用的！！大家都试试！

（30）靠！真的灵！淘宝免单不说！爸爸还给我打钱了！

但是不管怎么说，脏话演变而来的叹词依然存在禁忌性，为了网络语言文明，坚决不用为好。

## 二、网络新语气词

### 1.来自口语的语气词

网络新语气词的第一个来源也是口语，在口语中有很多语气词，在书面语中因为使用不多，所以没有文字记录，但是在网络语体中为了满足表情需要，出现了不少用别字方式记录的口语语气词，如"额""噜""惹"等。

语气词"额"和前文的新叹词"额"用同一个汉字记录，不过从分布和功能来看明显不同，如：

（31）回家这么久终于允诺，给老妈做了一次菜。水好像是放多了额，下次注意。

（32）写公众号真的好麻烦额。。。随心写怕长篇大论没人看，多加点图片又觉得硬加图文不匹配。。。各种小心

（33）看一下他的回血无敌技能额，只有躺着给他喊66666

这个"额"的作用类似于"啊"，但是感叹的程度要比"啊"低，表示轻微的感叹，其来源可能是吴方言口语中语气词"的"的弱化，如：

（34）男的屋里蛮有钞票额，梧桐区三套，美国本科，年薪到手三十万。女孩子心就开始痒了。

例（34）的表达明显带有吴方言色彩，"额"这个语气词在吴方言中也很常见，表示一定程度的赞赏语气。

"噜"和"惹"都记录了口语中"了"或者"啦"的变音

形式，语法作用也基本相同，网民一开始使用这两个语气词可能是为了求新求异，但用久了，似乎也产生出一些特定的语气意义来。如：

（35）元气满满噜，好好读书好好生活

（36）带上我的小便当去上班噜

（37）元宵节快乐呀～听说，很多人今天都吃不上元宵哦～没关系，抽奖噜～！

上述例子中的"噜"往往带有一种轻快的语气，所依附的事件也基本是说话人主观认为的好事。如例（36）中"上班"对普通人来说并不快乐，但是说话人用了"噜"之后，主观认为"带便当去上班"是一件值得期待的好事。

而"惹"则更加突出了说话人"卖萌"的情绪，显示自己的可爱腔调，如：

（38）前台来了一个外国帅哥，啊啊啊啊啊啊啊！我要死惹

（39）呜呜呜呜呜我好可爱啊啊太可爱惹！！

（40）头一次接触这个歌手，被圈圈惹，有味道的男人。

例（38）和（39）中的"我要死惹""太可爱惹"话语本身就是在卖萌，用上了"惹"使人觉得更匹配。例（40）中"被圈圈惹"是"被圈粉"的意思，说话人用叠音的"圈圈"来扮小孩子口吻，也是一种卖萌的语言手段。

"惹"还产生了一种连用的现象，用得越多，语气越强烈，如：

（41）舌尖3，今天开播惹惹惹

（42）佛系男孩这张自拍太好看惹惹惹惹！

（43）就算有左边大叔的方便面和右边的小英雄还是阻止不了我在动车上学习的步伐……啊啊啊寒假只剩20天惹惹惹惹惹惹惹惹惹

例（41）3个"惹"连用，例（42）是4个，例（43）则一口气用了9个。

"噜"和"惹"的语气差异可能也和它们的读音差异有关，"噜"是阳平调，感觉比较欢快；而"惹"是舌尖后音加上声调，有点小孩子发音咬舌头的感觉，因此感觉更萌了。不过总的说来，"噜"和"惹"都有卖萌的意味，两者的差异有时并不明显，比如下句中两词并用，感觉互换也可以：

（44）这三个月收了三份喜糖惹，工作真是太可怕噜

而"噜"和"惹"连用，还产生一个固定搭配，即"天惹噜"，专门用来表示出人意料的感叹，不过这种感叹是卖萌性质的，所以感叹的对象一般不是坏事，即使是坏事，也并不带有悲伤的情绪，如：

（45）今天的安检小姐姐暴风温柔暴风可爱！！！天惹噜！！

（46）天惹噜！刚弹了下朋友家的钢琴，琴键比键盘也沉太多了吧……但是弹起来好好听啊！声音好听一万倍，轻重缓急地弹起来快把自己感动哭惹

（47）天惹噜我忘记带耳塞回来了！！！焦虑到不行

例（46）一开始是坏事（琴键重），但后来还是好事（声音好听）。例（47）虽然是坏事，而且说话人还使用了"焦虑到不行"这样的夸张表述，但是由于"天惹噜"的存在，给人感觉问题并不是很严重，说话人更多是在撒娇而已。

还有一个"咯"也是常用的，例如：

（48）反正自己好好加油咯，无法改变外界只能管好自己。

（49）不会画画怎么办？照片加软件来帮忙咯~

（50）天气渐暖，又到了出去溜达的季节，周末泡温泉去咯！

"咯"的语气意义比较复杂，大多数时候类似于"啰"，带有轻快意味。

### 2.来自方言的新语气词

方言中的语气词数量要比普通话多得多，用法也复杂得多。网络语体从各地方言中吸收了不少新语气词来表示特殊的情绪，这些语气词没有汉字记录，就采用谐音的方法进行标记，如"伐"和"一刚"。

（51）瓜瓜最近越来越喜欢给妈妈拍照了，还会要求看看拍得好看伐。

（52）这微博到底是你的还是我的？？？每天都会莫名其妙一堆赞和关注！！！后台偷数据偷得开心伐？？？

"伐"是来自上海话的疑问语气词，作用和普通话的"吗"

相同。

（53）我要吃小笼包啊！！！但是这里的小笼包居然都是用红醋和红姜的一刚！！

（54）越到下班病人越多

周末都不能让我好好回家了一刚

"一刚"也是来自上海话的语气词，表示出乎意料，其本字是"伊讲（他说）"，经常位于句末，后虚化为语气词。

值得注意的是，并不是特定方言区的使用者才选用这些方言语气词，它们是作为网络语体中一种通用的示情手段被大家普遍使用的。

### 3. 网络语体自创的语气词

网络语体中也出现了一些自创的新语气词，其特点是只有书面形式，在口语中并不使用，如"吼""啊喂"等。

（55）分享一只爱好睡觉随时能睡着，但工作时又谦逊又认真的苏打宝宝。祝你们有一个美好的周末吼！

（56）好像每件事情都不如人意，但是仔细想想似乎也没有那么糟糕吼！

（57）小姐姐好好补充能量，晚上演唱会再见吼！

以上例子中的语气词"吼"的意义不太确定，我们可以通过追溯其来源来分析其语气意义。"吼"可能来自拟声词"吼吼"，在网络语体中用来模拟得意的大笑声，如：

（58）Finish！！！抑制不住的开心！！一会种树！！吼吼！！！

（59）被小朋友的222遍名字的告白雷到了！开心开心开心，吼吼吼！

这个拟声用法依附到句子结尾，和句子本体不再有停顿，用法就和语气词类似了，如：

（60）真的好可爱啊吼吼吼，这个片段我倒回去看了好多遍好多遍，每看一遍都还是很想笑。

（61）买到了一种低酒精饮料还不错……也有点好看吼吼吼

（62）蓝色简直太美啦

　　　下次试试粉色和绿色吼吼

例（60）的"吼吼吼"用在语气词"啊"之后，还是独立于句子的，到了（61）（62）就和句子粘为一体，等进一步简化为一个音节，就很容易演变为语气词了，如：

（63）白色这套是我离你最近的时候，下次更近点看你吼

（64）哈哈哈哈哈可爱吼

（65）星辰真的是，长大了吼

　　　那就发个照骗[1]吧

　　　明天就滚回学校惹

　　　今天晚上我要好好和我的大床缠绵

---

1　"照骗"是网络用语，指经过加工的带有欺骗性质的照片。

（66）希望下学期我能瘦吼

例（63）（64）中"吼"是两解的，既可以理解为笑声的模拟，也可以理解为一定的语气意义；但到了例（65）（66）就已经无法理解为笑声了，只能处理为一个语气词。因为"吼"的这个语法化来源，使我们推测"吼"的语法意义是一种轻松愉快的语气。

还有一个很有特色的网络语气词是"啊喂"：

（67）对自己有点自信啊喂，到底是为什么让你觉得自己不值得被爱被保护呢？

（68）这鬼天气是怎么做到刚下完大雨就又潮又热又闷的啊喂！

（69）为什么我的脸这么油？！！因为我已经在广州三天没有洗脸了啊喂！！实在是不能见人啊！

上面例子中的"啊喂"在口语中并不见人使用，可能的来源是语气词"啊"和招呼类叹词"喂"的杂糅，其语气意义也是两者的相加，既有"啊"的感叹语气，又带上了"喂"提醒别人注意的功能。

## 三、网络新示情词

通过语义表述手段产生概念性的情感意义或者感受性的情感意义，本来就是语言示情手段的重要方式。网络语体也在此基础上进行了大力拓展，产生了一系列新的宣泄情感的词语，包括情感形容词、心理动词和相应的包含浓烈情绪的短语。比如，历年流行语中就有不少情感类流行语：

2017："扎心了老铁""你的良心不会痛吗""惊不惊喜意不意外""丧"

2016："蓝瘦香菇""厉害了我的哥""你开心就好"

2015："任性""心塞""wuli"

2014："也是醉了""萌萌哒""傲娇""吊炸天""简直了"

2013："我伙呆""请允悲""喜大普奔""感觉不会再爱了"

2012："我再也不相信爱情了""累觉不爱"

2011："伤不起""悲催""蛋定"

2010："蛋疼""羡慕嫉妒恨"

2009："纠结""哥吃的不是面，是寂寞"

2008："囧""槑""雷人"

首先是新词频出，"雷人""悲催""傲娇"等新词语使用复合造词法，描摹了全新的情绪类型。还有一些旧词产生了新义，像"任性"的意义从"听凭秉性行事；放纵不约束自己"变为"率性、随性、不做作地行事"，感情色彩也从贬义变为中性偏褒义。其次，一些固有的情感词通过谐音形式在原有的情感义上增加了调侃色彩，如"蛋定"其实是"淡定"，"蓝瘦香菇"其实是"难受想哭"。最后，大量描写情绪的短语以固定形式流行，如"伤不起""感觉不会再爱了""羡慕嫉妒恨"，甚至还有完整的复句，如"哥吃的不是面，是寂寞"。其中缩略形式也成为一个常见格式，如"累觉不爱""喜大普奔"。

我们可以看几个实例：

（70）一个人的时候最纠结的就是吃什么。。。好纠结。。。费好多脑子。。。

（71）利用周末时间做了个兼职加上学车，发现都没时间逛街逛吃的呢，蓝瘦香菇

（72）这家伙生活照狗啃的短发真是越来越任性了

（73）今晚要考试，然而我完全没看书。昨晚做梦梦到抄了一晚上别人的卷子也是醉了。

除了以上流行语，网络语言中还有更多的情感形容词和情感动词涌现，如"郁闷""嘚瑟""凉凉""方"等。如：

（74）今天我的心情犹如过山车……刚刚经历了生气、郁闷、焦躁、无奈、伤心和温暖……

（75）别看我成天嘚瑟，其实已经厌烦到了极点，真的真的很想换份工作、换座城市、换个生活。

（76）每天早起都很开心，想一下一堆的麻烦事，就凉凉了。

（77）大半夜躺在床上玩手机，隔壁水房传来阵阵哭声，哭得特别惨烈，我好方。。。

上几例都是在网络交际中出现的新词："凉凉"表示"心冷凄凉"，来自流行歌曲《凉凉》，后来演变为流行语"一首凉凉送给你"，再后来就简称为"凉凉"了；"方"其实是"慌"的谐音形式，但慢慢地也演变为一个独立的情感词了。

值得一提的是，以上这些新词有不少都很快进入了日常语言，丰富了书面语的情感词语义场，如"悲催""纠结""郁闷"等：

（78）我国最悲催的一个仿古镇 耗资2亿多生意惨淡 （网易新闻2018年1月8日新闻标题）

（79）排行榜满天飞 高校也纠结 （《科技日报》2018年3月9日新闻标题）

（80）高兴还是郁闷？神华集团一煤矿取消夜班！（《中国煤炭报》2017年11月17日新闻标题）

## 四、网络新标点及其新用法

嗓音中必须依附于音段成分的超音段成分也有示情功能，在口头表达中被符号化为语气语调，在书面符号系统中被转写为标点符号。而书面语的标点符号显然也不能满足网络语体的示情需求，因此也有了很大的发展。

首先，有一些新的标点符号被开发出来，拓展了示情手段的数量。

网络语体中新出现了一个"~"符号，用来描述音长的增加，表示轻快的情绪，经常连用，一般不用于谈论严肃的事情，如：

（81）哈哈~~特写老公的包包~像蜘蛛侠！~哇咔咔！~~

（82）咳~我宣布，新版~铁甲~工程~机械网~论坛~~现在~

上线啦！（此处应有掌声）

"。。。"则是省略号的变体形式，原来是因为中文状态下输入省略号不方便而采取的权宜之计，用多了便成为一种新的标点符号，经常用来表示无语状态，如：

（83）这。。。。。我不能告诉你们我看到了什么。。。只能说太变态了！！！

（84）跑步进教室，发现今天老师居然请假停课了。。。。。。。。

从上述例子中还可以看出，使用者可以根据无语的程度来选择"。"的多少。

其次，一些原有的标点符号的用法也有很大改变，产生出一些新的用法，如：

（85）我！永！远！也！搞！不！懂！

（86）我怎么就得罪你了？要这样对我？？你！去！吃！屎！吧！

（87）为什么他居然是选秀第三场第一名？！！！他有咩资格！

例（85）（86）每隔一个字用上一个感叹号表现了一字一顿、咬牙切齿的语气，这些感叹号也可以替换为顿号或者句号，表现的情绪就稍微缓和些。例（87）则是感叹号、问号被反复叠用以表达复杂强烈的情绪。

# 第四节　增生修辞用法手段

网络语体在创设图像示情手段、拓展语言示情手段之外，还在语言用法上有所创新，以弥补示情手段不足的缺陷。我们把这种具有示情功能的网络用法称为"修辞用法手段"，因此网络语体开拓语言示情手段的第三种策略就是"增生修辞用法手段"。

在日常语言中，修辞手段很少是为了示情目的而产生的，但在网络语言中，由于高示情需求的促动，产生了一些主要用于示情的"修辞用法"，比如一些特定的句法格式，或者哭笑类拟声词、表情动词、动作动词的特殊用法等。

## 一、用于示情的特定句式

为了表现特定的情绪情感，网络语体创造了一些特定的句法格式，成为新兴的修辞性示情手段。

第一种格式称为"急促句"，全句不用标点，一堆词语排列到底，用来模拟口语中一口气说完一长句话的急促语气。如：

（1）双眼皮纤维不可能那么好用啊掀桌都涂成这样了还没有失去黏性简直神物但是不太适合厚眼皮吧，有眼袋真是老十岁，瞳色浅好像是肾不好吧（要你管！）（我知道后面戴了美瞳）

（2）哈哈哈哈哈哈哈哈哈哈哈哈哈哈哈没什么意思就哈哈哈哈哈哈哈哈哈哈哈哈哈换口气哈哈哈哈哈哈哈哈哈哈矮油哈哈哈哈哈哈哈哈哈哈哈

大段文字不用标点符号，连续排列到底，这种用法在意识流小说中早已出现，但含义与"急促句"不同，主要用来表现主人公意识绵长飘逸、连续不断。在网络语体中，同样是文字连续不断，却是模拟说话急促不加停顿，表现了激动、急促等情绪。例（1）中第一分句一口气说来，表现了对"双眼皮纤维"的不绝赞叹，例（2）中一连串的"哈哈"笑声，甚至把"换口气"都打出来，显示了笑到近乎癫狂的状态。

第二种格式称为"渐强句"，指一句话中的信息焦点被说话人不断重复，同时用感叹号的增加来表示语音渐强，表现了激动、愤怒等情绪。如：

（3）这天气就像个色狼一样！冻手冻脚的！冻手冻脚的！！冻手冻脚的！！！

（4）我才不要你管呢！不要你管！！不要你管！！！

第三种格式称为"渐弱句"，是对一句话结尾部分的不断重复，但每次重复的语言成分都比上一次重复要短小，由此描摹了一句话说出以后声音逐渐变弱、余音不绝的现象，常用来表现无语、无力等情绪。如：

（5）我提前回寝室了，然而没有带钥匙，没有带钥匙，带钥匙，钥匙，匙。。。。。。

（6）原来参加了冬季长跑还要跑八百米我被坑了，被坑了，坑了，了，e。。。

例（6）把"了"的韵母e也显示出来了，象征了余音袅袅的情况。

　　除了特定格式具有示情作用外，有些网络语言的具体构式也有示情用法，如"有木有"：

　　（7）和外国人网络聊天，经常会看到类似"wlkm bk""k""aka"这些缩略语，简直一头雾水啊有木有！

　　（8）近些年来银行的风险就从来没断过：银行卡被人复制有木有？POS机盗刷有木有？柜员机取出假钞有木有？不能即时挂失钱被转走有木有？户头资金被盗横竖不赔有木有？你柜员机得了痴呆症却抓别人坐牢有木有？

　　"有木有"是"有没有"的谐音形式，原来是一个疑问格式，现在已经逐渐演变为表示强烈质疑情绪的构式。例（8）连用时，其示情功能更加明显。

## 二、哭笑类拟声词的示情用法

　　人类主要的情感体验如喜怒哀乐在表露时，有时会带有特定的嗓音，主要表现为笑声和哭声，它们是说话人情感的自然流露，因而也是一种语言外的示情手段。在口说表达中，哭笑声虽然不是语言符号，但由于它们和语音一样都是听觉性的，所以可以夹杂在语言符号的线性序列中辅助进行感情的表达。当然，这种辅助表达是自然的应激反应，并不能人为控制，其反映的意义也是自然流露的情绪、情感，并不属于任意性符号。

　　在书面语交流系统中，我们虽然把哭笑声音符号化，转写为

"哈哈""呵呵""呜呜"等文字形式，但由于书面交际的非现场性特点，它们只能被用来描述这种声音本身，而不用于现场实示说话者的情感，所以这些词语一般被称为拟声词，其主要功能是模拟人发出的声音，并不具有示情功能。

但是在网络语体中，借助于时间现场性的帮助，这些拟声词的文字形式被直接用于即时的视觉符号交流中，使用这些拟声词就仿佛是说话人在直接发出哭声或者笑声一样。这样一来，这些哭笑拟声词就成为虚拟实示中又一种新创的示情性手段。从形式和功能两方面考察，这些虚拟实示的声音词几乎和叹词具有同样的属性，由此产生了一种"哭笑声音叹词化"的修辞现象，如：

（9）呵呵，尝过咖啡鲜果的人估计不会喜欢这种水果。

（10）呵呵，兜兜转转又是自己一个人，又回到了原点，一个人吃饭，一个人上班下班，一个人面对所有的事情。呵呵，觉得自己挺可笑的又回到了一无所有的时候。

（11）才知道明洞离南山很近，无意陪老妈来到中国领事馆，才发现旁边就是南山。哈哈，都来韩国二十多次了，怎么才发现！

（12）带娃来提前体验试运营的迪士尼玩具总动员区域，哈哈，小大人提醒我说："你赶紧拍，拍完把手机放好，不然会容易掉出去的。"

上面例子中，"呵呵"模拟无奈的苦笑，实示一种无奈的情绪；"哈哈"模拟大声地笑，实示一种欢快的情绪。在网络交流中，发话者并没有发出"呵呵"和"哈哈"的笑声，因此这些拟声词的使用并不是对发话人实际发声的再现，而是被借用来直接示情，其用法和叹词几无二致。网上还有所谓的"呵呵党"和"哈哈党"，就是指习惯性地使用"呵呵"和"哈哈"来展示情绪的人。

网络语体对大量笑声和哭声进行了示情功能的规约，不同的哭笑类噪音被细化来表达不同的情绪，如笑声就可以细分为：

呵呵/赫赫/嗬嗬：带点无奈的苦笑

吼吼/HOHO/厚厚：极其得意的笑声

哇咔咔/咔咔/kaka：得意忘形的笑声

嘻嘻/西西：调皮的笑声

嘿嘿/嗨嗨：带点阴险的笑声

嘎嘎：得意的怪笑

噗哈哈：滑稽得引人喷饭的笑声

忽忽/呼呼：可爱的笑声

哭声的分化稍少点，但也可以细化为：

呜呜：伤心的哭声

哇哇：痛苦的哭声

嗷嗷：放声大哭

嘤嘤嘤：（一般用于少女）微弱可怜的哭声

一个熟练的网络语体使用者，能够准确辨析和利用这些笑声和哭声之间的细微差异，用来传达独特的情感或情绪，如：

（13）当初许下的宏愿已经实现三分之二！还有三分之一！

达到100斤！吼吼～开心

（14）我俩都是刚从外面回来，我让他等等我刷牙洗脸去，一等就是半个小时，把他给等睡着了，嘻嘻很ok。

（15）呜呜呜，我的周日上了一上午课……累！！！

（16）嘤嘤嘤刚在路上碰到一个敲击阔耐的小彭友[1]，逗了好久。哇哇哇哇，真的好乖好Q啊，好想生个阔耐小baby！

除了"叹词化"用法以外，也有一些拟声词在使用中逐渐黏着于句尾，其形式和功能变得类似于语气词，我们以"么么哒"为例来加以说明。"么么哒"本来是模拟亲嘴的声音，在网络语言中用来表示"感谢""喜爱""亲热"等情绪，如：

（17）希望大家安心等待～下架期间我们也会正常囤稿子，保证之后恢复时可以带来优秀的更新内容。么么哒。

（18）想问一下各位西安的朋友们！！！小寨这边的商业街有哪些好吃的长安大排档！有哪些好吃的求求你们安利！！！么么哒！

例（17）和（18）中"么么哒"都是单独用于句尾，表达了说话人"感谢"的情绪，含有"亲热"的意味。

紧接着，用于句尾独立成句的"么么哒"和前面的句子发生合并，一起连用，语音弱化，情感意义也有所减弱：

---

1 "敲击阔耐的小彭友"是"超级可爱的小朋友"的谐音表达，是网络语言中常见的"无关谐音"现象。

（19）不在于要比别人优秀，而在于让自己一天比一天好。晚安么么哒！！

（20）哇哇哇，最近运气真不错，感谢你们这么积极搞活动，谢谢么么哒。

例（19）（20）中的"么么哒"和"晚安""谢谢"连用，显示亲热情绪，不再针对某种特定对象独立表达感情。

而到了下例中：

（21）终于吃到了传说中的泰国风味，泰国菜好评么么哒！

（22）我来送票了！！！！送！！！是的，就是21号那个展的票！！！我去不了啦！！！想去又没票的戳我我只有一张，先到先得呀么么哒。

例（21）中"么么哒"出现在句尾，感谢对象变成了非人的菜馆，例（22）的情绪也不再那么明显，只是表示一种"亲热"的语气。这时，"么么哒"和原义"亲吻的声音"已经脱离关系，和语气词没什么两样了。

相应地，"哈哈""呜呜"等词语也有类似的语气词用法，如：

（23）今天店铺周年庆啦哈哈哈，白驹过隙做做也有一年了，真的非常谢谢老妹儿一直对我的照顾。

（24）这期节目里的"大侦探组合"也太可爱了吧，找到一个证据就开心得踩起了小碎步，掏手机拍证据都要激动得跳起来了哈哈哈。

（25）杠精呵呵，都以为自己很有文化是吧，不懂问一下没什么吧，为什么要把别人当智障？哦，就你懂了？我就不信别人没科普之前你懂了。

（26）要么一开始就不要答应好吗？答应了又装聋作哑只会让人感到你的素质让国人丢脸呵呵~

（27）到底哪里还有冰薄荷味雪碧啊。。。。好想再喝一瓶呜呜呜呜呜呜。。。。。。。想念辣个[1]味道

（28）拔完智齿了，除了打麻药痛了一点，拔的过程完全不疼啊！！！医生太温柔了呜呜呜，技术也好，但是周日人实在是太多了，十二点半了医生还在加班。

这些例子中的"哈哈""呵呵""呜呜"和主句连接在一起，主要表达语气意义，类似于语气词用法。

## 三、人体动词的示情用法

在口语交际中被广泛使用的表情、动作等语言外示情手段，不仅可以图像化为象似性的表情符号，在网络语体中得到广泛应用；而且还可以转变为描写这些表情、动作的人体动词，如表示表情的"哭""笑"，表示动作的"抱抱""掀桌"等，在网络语言中产生一些特殊的示情用法。

"哭""笑"这些脸部表情以及"抱""摔"这些手部动

---

1　"辣个"是网络语言中的谐音表达，即"那个"。

作，是强烈情感反应所带来的行为结果，在现场实示时会给人带来很强的情感体验。在书面语言中，这些动作转化为动词之后，只是对相应表情或者动作的描述，不能用于直接示情。但在网络语体中，这些动词发展出了全新用法，成了一种新兴的示情手段。先来看表情的例子：

（29）（哭哭哭哭）这是我最爱看的美剧之一，也就这样结束了！！

（30）同样都是搁置了一个月，橙子才开始皱皮而苹果却已经腐烂了，所以说脸皮厚对于生命的意义非常重大。(大笑)

例（29）和例（30）中的"哭""大笑"用括号形式置于句首或句尾，和话语内容隔离，以此显示这一表情是依附在说话行为上的，这就实现了表情的虚拟实示，成了一种新的示情手段。当这些动词含义进一步夸张化的时候，其示情功能就变得更加明显，如：

（31）（哭瞎）看来我只能靠自己努力做女王了。

（32）等等，这杂志一本才120！？？要是我在国内多好啊！！（已哭瞎）

"哭瞎"的实际情况并没有发生，因而其概念意义虚化，只用来表示强烈的情感。在某种程度上，"哭瞎"在网络语体中已经词汇化为一种专门的语义示情手段。

网络语体中，一些描述人体动作的词组转为情感化表达的倾向更为明显，其虚化过程表现为：行为义逐渐转化为情感义，演变为纯粹的示情手段；分布环境从句中主要动词逐渐演变为全句依附成分；同时音节发生简省。这也就是词汇化和语法化的过程。我们试以"掀桌"为例来说明这一过程：

（33）吃饭的时候遇见个熟人，我定睛看了两眼，没错，是认识！这货刚坐下低头玩手机，就坐我斜对面！咋办？这饭，这汤……？我一咬牙，差点没掀桌。

（34）打边炉我讨厌木耳海带竹笋，喜欢羊肉可惜现在市场上以次充好颇多不大敢买，酱料方面没有鲜小辣椒定掀桌

（35）跟客户讨论行政区划讨论得我都要掀桌了！真心听不懂什么区县乡镇的行政划分逻辑啊。。。

（36）记错单词意思比不记得意思更让人窝火！还得忘记错误意思再记新的意思啊掀桌！

例（33）的"掀桌"就是"掀翻桌子"的本义。例（34）的"掀桌"既可以表达"掀翻桌子"的实际意义，也可以表达"翻脸走人"的引申含义。到了例（35），"掀翻桌子"的意义已经不成立，只能表达"翻脸不管"的含义。而例（36）的意义进一步虚化，"翻脸"的意思也没有了，仅用来表达"恼怒"的情绪含义。

从句法位置看，例（33）中"掀桌"处于谓语位置，例（34）和（35）已经到了从属小句中。例（36）中的"掀桌"已经相对独立，甚至位于语气词之后，表明这已经是全句的附属成分。这种形式上的从属化是与意义上的不断虚化相配合的。

类似的词语或词组在网络语言中有一大批，如：（我）倒、怒摔、抱抱、摸摸、贴贴等。它们的虚化用例见下：

（37）我倒，如果是真的，真是太奇迹了，孩子反而供给母亲健康的血液。所以说，一切自有因果。

（38）看到了么！跑了45分钟10°坡8k速，消耗197卡路里，吃两袋40g的80卡的薯片牙都没塞好就白跑了啊，你妈妈知道！！！怒摔！！！还好我不是减肥啊，否则你们是只能喝水么！！！

（39）亲爱的，好好加油考试，以后玩的机会多的是，到时候咱俩背上乖包包，穿上花衣衣，管它啥破事情，都是浮云，玩不爽不回家，耶！抱抱～

（40）摸摸别伤心我们也很舍不得它我们也很怀念它

以上这些用例中的动作都没有实施，在句法位置上多是独用，大多已经演变成为表达说话人情感的专门的语义表述手段。

除了现实中表示情感的动作词被用于示情外，网络语体还产生了一些网络交际中特有的示情动作。比如"流汗"在日常语言里和情绪变化的关系不密切，因而没有示情作用，但在网络语言中却成为典型的示情手段，简化为"汗（寒）"，用来表示"窘迫""尴尬"等情绪，如：

（41）我前看后看左看右看上蹿下蹿，怎么到哪儿都有牵手的情侣，汗

（42）结婚半年，基本新房没住过，今天周末过来溜达一圈

儿，居然忘记几楼了，还没有大胖萍记得清，汗

类似的还有"点赞""比心（笔芯）"。"点赞"原来是网络世界中的虚拟动作，即在状态、新闻、评论下点亮"红心"表示赞许的行为，如：

（43）我花了一个小时看了很多评论，不管是热评还是新来的评论，看了后喜欢的都点赞了。

后来就虚化为表示"称赞"的示情手段了，如：

（44）一个用脚弹吉他的少年，不管生活给了我们多少磨难，我们也要勇往直前！为他点赞

而"比心（笔芯）"来自用手臂或手指比出心形的动作，用来表示爱意，渐渐地，"比心（笔芯）"也就有了虚化的示情作用，如：

（45）我博哥岁数大了，扔球速度不如从前，可抓娃娃技术不减当年呐，比心比心。

（46）啊啊啊好开心！申请通过了！！抽奖的礼物也已经准备就绪！时间还没到，大家可以再去试试！！！比心心

还有一个"哭唧唧"，是动作词"哭"和拟声词"唧唧"的组合形式，在网络语言中也专门用来表示"不开心""伤心"的情绪，如：

（47）睡不着……晕菜，又失眠了，想给我男朋友打电话，可是又怕挨打，他明天还要上班，哭唧唧

（48）困得直打哈欠，看不懂菜单导致转道去麦当劳，还没

出息地点了最泛滥的big mac套餐的人哭唧唧

从生成机制上来考察，这些虚化示情成分的形成过程其实与历史上叹词、语气词的词汇化过程是一样的——原本具有实在的概念，逐渐演变为专门的示情手段，同时变为意义虚化、功能依附的虚词。目前，它们主要是单独使用，分布类似于叹词；还有一些常依附于句尾，则有演变为新的语气词的可能。

通过以上三节的分析可以发现，网络语体在示情手段的类型和数量上都有很大发展，它充分利用了时间现场性和虚拟实示手段，克服了空间非现场性的限制，满足了特殊的示情需求。

以上所分析的诸多示情手段，在实际的交际过程中往往是多项合用，形成了一种不无夸张的示情倾向，如：

（49）今天终于和我们宇宙无敌的华山小姐姐见面喽~~~屋顶撩妹了解一下~~~矮油~~人家好害羞吼

（50）啊啊啊啊啊啊啊啊哭唧唧，一个班两节课，三个班六节课，蓝瘦香菇嘤嘤嘤

（51）真的！！！！我的妈！！！！这个世界上怎么会有这么好看的人！！！太帅了●●●●！！啊啊啊啊啊啊啊啊啊啊啊啊啊啊！！！！●●●●●●●●●

这种夸张风格形成的主要原因，就是网络语体可用的示情手段只有视觉符号，而不再能使用多模态的语言外示情手段，只好通过叠加使用来传达强烈的情绪了。

　　我们必须注意到，网络交流已经在日常语言生活中占据越来越重要的地位，随着使用的高频性，网络语言的示情手段已经走上约定俗成的"康庄大道"，新兴示情手段逐渐把能指形式和所指情感固定下来，特殊用法和示情效果也在使用中逐渐定型。

　　以前网络语言的研究把注意力都聚焦在光怪陆离、五花八门的网络新词或流行语上，也许根本并没有抓住网络语言的最重要特征。网络语言真正与众不同之处应该在于适应新的传介方式而创造出的那些新的表达手段，而示情手段无疑是其中最重要的一种。

# 第三章　网络词语和流行语

## 第一节　网络词语的界定

### 一、网络词语研究综述

网络语言中最引人关注的就是词汇现象，各种新奇的网络新词层出不穷、夺人眼球，相关的研究成果也极为丰硕。

首先是网络词语的类型研究。郑远汉（2002）较早地搜集网络用语的材料，将其归纳为7类：

①符号组形类：将标点、数字和字母等符号组合在一起，模拟一定形态，用以象征某种意义，如: - )表示笑脸。

②数字会意类：用一定的数字或数字符号暗示某种含义叫人领会，例如1775表示我要造反（1775年是美国独立战争爆发年）。

③谐音替代类：包括同音汉字"假借"，如水饺=睡觉；数字谐音替代，如345=相思苦；还有英语"音译"，如荡=download（下载）。

④缩略简称类：包括拼音缩略，如JJ= JieJie（姐姐）；还有英语缩略，如BB=byebye（再见）。

⑤转义易品类：包括词义引申，如"帖子"指网络论坛上发表的文章；还有词性转品，如"朋友都电话我了"（名词"电话"用作动词）。

⑥双语混杂类：如中英文混杂的"小case"（小事一桩）。

⑦重字赘语类：故意用重字法模仿儿语，或者故意用赘语作嗲昧，如东东=东西、漂漂=漂亮。

林纲（2002）的分析与此类似，主要把网络用语分为7类：①词汇缩略型；②图形符号型；③数字谐音型；④故作童言型；⑤文符并用型；⑥英语汉说型；⑦旧词新说型。

张云辉（2007）指出，"网络语言的词汇是个'大杂烩'，充分运用了英语、汉语、数字、符号的随心所欲的构词方式"。他以网络词汇的基本来源为视角把网络词语分为两类：一类是来源于外来语的网络词汇，包括：①英语词汇保持原貌；②来源于英语的音译借词；③来源于英语的意译词；④来源于英语的缩略词；⑤借用英语语音的谐音词。第二类是汉语本族语基础上的网络词汇，包括：①来源于方言的网络词汇；②汉字谐音；③旧词赋新意；④数字谐音；⑤汉语拼音缩略词；⑥析字；⑦原有词汇的合音变化；⑧原有词汇的语义及色彩转换；⑨拟声词；⑩来源于儿童语言的网络词汇。

施春宏（2010）撇开纯粹地利用数字、符号、字母所构造的网络表达形式，仅从构词机制的角度对与汉字有关的词形做了一个归纳，分出谐音词、复合词、变音词、析字词、析词别解词、重叠词、外来词、方言词、缩略词等类型。

相关的研究很多，但大致都包含了这些类型，只是命名、分类略有不同，我们不再一一赘述。

其次是关于网络词语造词法的研究。戴军明（2006）从造词角度对网络词语进行分析，归纳出网络词语常用的9种方法：

①修辞法，即运用各种修辞手段创制新词。

②说明法，即通过对事物加以说明来创制新词。

③简缩法，即将多音节的短语压缩成相对简单的词语。

④摹声法，即用语音形式对某种声音加以模拟和改造从而创制新词。

⑤引申别解法，即通过对已有词语进行意义引申或作歪曲理解而创制新词。

⑥中外合成法，即用英语字母或单词与汉语语素或词合成创制出新词。

⑦直接借用法，即把外族语言的现成词语（包括缩略形式）直接拿过来使用。

⑧字母加数字法，即通过字母和数字组合构成一定的形式，表示一定的意义。

⑨摹形会意法，即通过模拟事物的形状、情态等表示一定意义。

可以发现，这里的造词法与上述网络词语的分类多有重合。

惠天罡（2006）发现了一些网络词语的构词规律及特点，包括：第一，语素内部分离，音节语素化。常见的是一些原来无意义的音译外来词中的音节，变为独立的语素去构词，如"粉丝"原来是fans的音译，"粉"本无意义，现在却成了一个常见语素。第二，出现了一部分"潜词素"。"原先在汉语词汇系统中不参与构词的要素（如一些数字）、不能自由参与构词的要素（如音译词中的构词要素）在网络词语中起到词素作用，并参与构词，初步表现出一定能产性和自由性。"第三，色彩意义在造词中的作用越来越明显。

张颖炜（2014）从词义引申的角度对网络词语的构造机制进行了说明，指出："网络语言催生了许多生动有趣的新词语，既有网民新创造的词语，也有利用汉语固有词进行词义扩展、变化、转换来进行表义的'旧瓶装新酒'的词语。这种网络词语'旧瓶装新酒'的模式主要表现为，汉语固有词词义在网络语境中得到了多元化的派生式、非派生式以及发散式的发展，进而带动其同义词、反义词范畴产生了相应变化；同时，网络词语的灵活运用，对汉语固有词色彩义也产生了冲击。"

目前关于网络词语的研究可谓蔚为大观，但我们认为还存在以下三个较大的问题：

第一，网络词语的界定不明确。这种不明确主要源自对网络语言的界定不明确：把网络语言当作行业语，就会把网络科技语算进来；把网络语言当作社会方言，就会把一些社区隐语算进来。

第二，网络词语的分类没有统一标准。在各家网络词语的分类中混杂了各种标准：有的是构词法类别，如缩略词、重叠词；有的是来源类别，如外来词、方言词；还有的是修辞手段分类，如析字词、谐音词……几乎都是从表面现象入手，抓住一个特点就归出一类词，随意性比较大。

第三，混淆了网络新词语和网络特殊用法的界限。现有的研究几乎把所有的特殊用法如谐音、别解、"故作童言"等造成的语言项目都当作是网络词语加以收录，结果造成网络新词语的外延极为庞大。

本章针对这些问题逐一展开讨论。

## 二、网络词语的性质

### 1.行业语和社区词语不是网络词语

根据第一章的分析，网络语言是一种主要由传介方式变量造就的功能性语体，正在与口语体和书面语体形成一种并存互补的态势。从这个界定出发，作为行业语的网络科技语和作为特定网络社区变体的社区词语就都不应该算作网络词语。前者如IP协议、BBS论坛、防火墙等，后者如动漫社区的"御姐"（比自己年长的女性）、"幼齿"（年纪小不懂事）、"腐女"（喜欢男同性恋作品的女人）等。

### 2. 发端或流行于网络也不一定是网络词语

网络是一种大众传播渠道，很多新词语和社会流行语发端于网络或者通过网络获得广泛传播，但其使用语境广泛分布于口语和书面语中，也不适合归入网络词语。如"穿越"源于一种特殊类型的网络文学，"人肉搜索"源于网络事件中网友大量参与搜索的行为，虽然它们源于网络，但只是描述一种和网络有关的普遍性的概念，并不仅限于网络语体才使用。再如"拼爹""郁闷""山寨""闺蜜"等词语都是通过网络传播的威力而成为社会普遍使用的新词，但它们现在已经在口语和书面语中都得到广泛使用，也不适宜再看作典型的网络词语。

当然，发端或流行于网络的绝大多数新词，在流行早期局限于网络时，都是网络词语，但随着时间的演进，更多融入日常语言后，可能就被日常语言接纳，成为一个日常词语。这个过程是渐进的，并没有一个明显的分界线。如"吐槽"，起源于网络上的日本动漫圈，很快进入了日常语言。"吐槽"源于网络并通过网络得到广泛传播的早期，当然是网络词语，但在进入了日常口语和书面语被广泛使用以后，不再让人自动联想起网络语境和网络交际，就逐渐失去了网络词语的属性。不过，这种演变的时间分界线在何处，恐怕并不清楚。

### 3.网络新用法不是网络词语

因为网络语言出现的时间不长，所以几乎所有的网络词语都可以算作新词语，但是前人的研究往往扩大了网络新词语的范围，把所有的网络用法都认定为网络新词语，这是有很大问题的。

顾名思义，"新词语"的界定有两个要求：

一个是"新"。能指、所指或者能指和所指搭配关系的更新都可以看作产生新词语的前提条件。用新的能指形式来表示新的所指概念，当然是典型的新词语，有一方面的更新也可算作"新"，比如用新的能指表示一种旧的概念，用旧的能指表示一种新的概念，或者用旧的能指和旧的所指进行重新搭配，都可以算是满足了"新"的要求。而前人认定的网络词语中，有一些不满足以上"新"的任意一条要求，比如张云辉（2007）的"析字"、施春宏（2010）的"析字词"、惠天罡（2006）的"拆字"说的都是类似现象，即对原有汉语字词进行形体改造。例如"强"写作"弓虽"，"超强"写作"走召弓虽"，"谢谢"写作"言身寸言身寸"。我们认为这就不是新词，因为它没有创造新的能指或是所指，只是对能指的呈现方式进行了改造，确实富有网络交际的特色，也是由于"视觉符号"的语体变量促动的，但不适宜归入网络词语，处理为一种网络特有的修辞用法比较好。

第二个要求是"稳定性"。既然叫作"词语"，就不是一种临时性的语境用法，而是一种稳固的预存单位，其能指和所指的结合形式在语言使用者的头脑中定型，即使脱离语境也能明确辨识。"网络用法"和"网络新词语"的区别主要在于"稳定性"，特殊的语用法造就的语言单位如果是临时性的、语境化的短语，并没有进入语言使用者的大脑词库，就不能称为"新词语"。

按照这种区分来看前人研究中的网络新词语，就可以发现有不少满足了"新"的要求，但没有满足"稳定性"的要求。我们以网络语言中的谐音现象为例来说明问题。郑远汉（2002）的"谐音替代类"、张云辉（2007）的"汉字谐音"和施春宏（2010）的"谐音词"都把用已有的语素组合形式来谐音指代某种概念的用法看作是谐音造词法，由此形成的语言单位也都处理为网络新词语，如用"深井冰"来表示"神经病"，用"鸭梨"来表示"压力"。很多网络语言词典都收录了大量的"谐音"词，如《新华网络语言词典》共收汉字型词语1647个，其中属于谐音造成的词项就有263个，占到16%。但我们认为，谐音词的能指形式和所指内容并没有形成一种稳定的结构，能指形式和所指内容并不一定是固定的，往往是临时起意打造一个组合形式，如："拜拜"既可以写成"白白"，也可以写成"北北"；"这个"既可以写成"介个"，也可以写成"介果"。当然，还有一批语言单位的结构形式是相对固定的，如用到"压力"一词必定用"鸭梨"来代替，不会临时新造一个形式如"雅丽"来代替，但这种词项的理解具有很强的语境依赖性，脱离语境出现"鸭梨"一词并不能让使用者识别其网络意义，能指和所指之间的联系仍然是不稳固的。这样的语言单位，还是不宜看作"网络新词语"。

### 4. 非语言符号不是网络词语

由于网络语言的传介方式具有特殊性，很多视觉图形符号都可以进入网络交际，判断它们是否属于网络词语，还必须看它们是否具有语言单位的符号属性。比如郑远汉（2002）认定的"符号组形类"、林纲（2002）认定的"图形符号型"，是将标点、数字和字母等符号组合在一起，模拟一定形态，用以象征某种意义，如用": - )"表示"笑脸"。这其实就是表情符号或者颜文字，并不具备语言单位应该有的线性能指形式和概括性语义，就不应该算作网络词语。此后随着网络技术发展出来的更为复杂的表情图片、表情动图也不算作网络词语。

按照这个标准，数字词和字母缩略词等具有线性能指形式和概括性语义，倒是具备了成为语言单位的基本条件。当然，对于汉语来说，它们都不能算作典型的"词语"，只是网络词语中的边缘成员而已。

### 三、网络词语的定义和类型

根据以上分析，我们对网络词语的定义如下：

网络词语是指在"网络语体"中产生并得到主要应用的词语，和口语词、书面语词类似，网络词语形成了一种特殊的"语体色彩"，这种语体色彩能使人联想起相应的网络语境和网络交际行为，并由此激发某种特殊的情感体验和价值评价。由于"网络语体"的新生性，网络词语在现阶段都表现为新词语：具有新鲜的能指、所指结构，但是要求具有相当的稳定性，脱离上下文语境也能加以辨认。

根据这个定义，网络词语不等于是网络行业语、网络社区词语，不等于是发端于网络或通过网络流传的词语，也不等于是网络用法造就的语言单位。但是，以上这些来源的语言项目只要满足了网络词语的定义，它们就可以进入网络词语的队伍。

网络行业语只要被大众接受，具有了日常含义和日常用法，就可以进入网络词语的范畴。如"PS"原来是一个行业术语，是一个图像处理软件Adobe Photoshop的简称，使用它可以有效地进行图片编辑工作。但是"PS"很快发展出了动词的用法，意思是"用PS软件处理"，进而语义泛化为对照片进行过分美化甚至篡改原始画面，含有贬义。这种动词用法也经常简化为"P"，如"她的照片比本人美多了，肯定P过"。这种"PS"和"P"的用法在网络语体中得到了广泛应用，就可以归入网络语言了。此外还有"刷机""木马""后门"均可归入此类。

网络社区词只要走出社区，也可以成为大众都了解的网络词语。如"软妹子"源于日本动漫，本来专门用来指一种动画人物形象，即长相甜美、性格温柔且经常表现出天真幼稚言行的年轻女性。但是这个词语很快就被网民接受，用来泛指动画界外具有类似特性的女性，成了一个接受度很高的网络词语。此外如"傲娇""腹黑""萌""控"之类都可作如此解释。

特殊的网络用法造就了一大批新鲜的语言单位，绝大多数因为不稳定而不宜看作网络词语，但也有一些组合已经具有了稳定的结构，可以离境使用，它们就进入了网络词语的范畴。如使用数字谐音造成的"88",等于拜拜,表示"再见"的意思;"55"等于"呜呜",表示哭声;"9494"等于"就是就是",表示赞同……这些都比较稳定可以进入网络词语。再如谐音用法造成的"童鞋"表示"同学","亚历山大"表示"压力山大","神马"表示"什么","杯具"表示"悲剧"……也基本具备了网络词语的资格。

根据以上对网络词语的界定,我们就可以发现真正属于网络词语范畴的语言项目并没有想象中那么多,可以归入三个特定的类型:①游戏词,②缩略词,③事件词。下文将分节论述。

## 四、网络词典的收录原则

对网络词语的界定还涉及一个问题,就是词典对网络词语的收录问题,包括收录原则和收录程序。

目前所能见到的几部专门的网络语言词典有:

《中国网络语言词典》,于根元主编,中国经济出版社2001年

《网络新新词典》,风君编著,新世界出版社2012年

《新华网络语言词典》,汪磊主编,商务印书馆2012年

从上述分析来看,这些网络词典的收词都存在以下几个问题:

①收录大量网络行业语和网络社区隐语,它们都不属于大众使用的网络词语。

②忽略了作为新词语必须具备的稳定性条件，把许多离开语境就无法理解的特殊用法都收录进来。

③释义不规范，不准确。多直接摘引网络上的现成解释，未根据实际使用情况分析。

因为网络语言的迅猛发展，工具书收录网络词语势在必行，其收录原则可以根据专门词典和一般词典两类来分别讨论。

对于专门收录网络词语的工具书来说，可以制定以下编撰原则：

性质明确原则：在明确网络语言的定义之后，只收录那些真正符合网络词语定义的词语。

稳定原则：只考察那些出现了较长时间，语言形式和意义相对明确的词项，待其在使用中稳定以后才收录。

时效原则：网络词语的更新速度非常快，常规纸媒出版物根本无法紧跟。有关部门和出版社可以考虑通过编撰在线开放词典的方式来收录网络词语，网民群策群力提供素材，专业编辑实时加工审核。在此基础上，再选择精华条目整理出书。

作为一般性词典，目前仅在一些收录新词语的工具书中见到一些网络词语，而比较权威的《现代汉语词典》《新华词典》等目前均未收录网络词语。对于普通工具书，我们觉得可以按照以下原则收录网络词语：

谨慎收录原则："谨慎收录"的意思有两层，一个是一定要收录，我们认为随着网络语体使用频率的日益增加，其与口语体和书面语体的地位会越来越接近，与此同时，越来越多的网络词语也会进入我们的日常语言生活，普通工具书不得不关注这个问题，早晚必须做出回应——收录那些已经频繁使用的网络词语。第二个意思是收录要谨慎，宁缺毋滥，可以先收入附录，再进入正典。目前《现代汉语词典》收录字母词的途径和方法很有效，值得借鉴。

滞后考察原则：网络语言的更新速度非常快，网络词语也是随着社会热点的变化而潮起潮落，很多都是属于昙花一现，使用的期限不超过一年。因此为了保证工具书的权威性，一般词典收录网络词语可以遵循滞后原则，在新词语出现后，不管它如何大红大紫，至少保留一到两年的观察期，等到它的使用率稳定下来再决定是否收录。

语体标注原则：仿照口语词和书面语词标注为【方】【书】的方法，对网络词语进行语体标注为【网】，以明确其语体身份，同时引导语言使用者培养语体意识，注意词语的语体差异，在不同的场合选择不同的词语。

# 第二节　游戏词

游戏心态是网络语体的一个重要心理动因，在网络词语中随之产生了"语言游戏造词法"，造就了大量新词，我们称为"游戏词"。

## 一、从语言游戏到游戏词

"语言游戏"一词，有多种用法和含义。最宽泛的是哲学家维特根斯坦的看法，即一切言语活动都是按照约定俗成的规则进行的"语言游戏"，这和本文关系不大，我们不予讨论。

另一种"语言游戏"是在语言交际中，有意利用语言文字形、音、义的特征，创造语言艺术品的活动，如回文诗、对联、顺口溜等。这种语言游戏也被称为"文字游戏"，其形义组合饶有趣味，具有特殊的交际目的。有时候，这种定义的"语言游戏"也会扩大外延，把创作诗歌、小说等文学活动也纳入自己的指称范围。

还有一种"语言游戏"是以语言符号作为载体或工具而进行的娱乐活动，如猜谜语、填字游戏等。在这些语言游戏中，语言符号仅仅是游戏者把玩的对象，没有实现具体的交际功能。

本节所讨论的"语言游戏造词法"，与上述"语言游戏"有着各种联系但又不尽相同。"语言游戏造词法"是指在词语的创造和使用过程中，交际者关注语言形式，对语言形式进行游戏性的加工，但是并不关注该语言形式的特殊意义，也不追求特定的修辞效果，是一种"形式游戏"。

"语言游戏造词法"所产生的"游戏词"包含以下特征：

①游戏词具有特殊的形式，是使用者把玩的对象。

②游戏词的特殊形式并不具有特定的含义，是一种冗余的形式。

③虽然游戏词的特殊形式具有冗余性，但整个语言单位依然被用于实际交际活动，具有常规的词汇功能。

试举一例加以说明：2010年的流行语有"杯具""餐具""洗具"这一系列，使用者对语言形式进行了特殊加工，把日常词语"悲剧""惨剧""喜剧"处理成"杯具""餐具""洗具"这样的谐音形式，但是这种加工而成的特殊形式并没有增加什么特殊含义，因而这种谐音形式是冗余的，仅是一种游戏手段。不过，这种冗余形式"杯具""餐具""洗具"是具有交际功能的，代替了"悲剧""惨剧""喜剧"在网络语言交际中起着实际作用。

由此可见，我们所说的"语言游戏造词法"与文学创作、娱乐活动中的"语言游戏"具有"关注并且创造特殊语言形式"的共同点，同时也具有"形式具有冗余性，但仍可用于实际交际"的特点，它是一种新生的网络词汇现象。

## 二、游戏词的来源

从来源看，游戏词往往不创造新词，而是从各种来源寻觅旧词、改造旧词，以追求陌生化的游戏效应。这些来源包括方言词、外来词、古语词等各种类型，举例如下：

"给力"，源于方言，但直接出处是网友配音的日本动画片《西游记·旅程的终点》，义为"带劲、有冲击力"。

"控"，从日语借来的，而日语中的这个"控"则源于英文单词complex（情结），指"极度喜欢某种事物的人"。

"帝"，从古语词中复活，本义是封建社会的最高统治者，流行语中一开始指某些领域中成就大、造诣高的人，如"影帝"，现在只要拥有某一特点即可称"帝"，如"表情帝""体操帝""章鱼帝"等。

"闹太套"，是英语"not at all"的中文音译，起源于黄晓明演唱奥运歌曲*One World One Dream*（《同一个世界，同一个梦想》）时，发音酷似"闹太套"而遭到网友调侃，此后用来嘲笑"为了显示自己的与众不同却弄巧成拙"。

"Oh my Lady Gaga"，源于英语。在表示吃惊的时候，人们常说一句英文：Oh my God!（噢，我的上帝啊！）不过当Lady Gaga（美国女歌手）火了之后，"Oh my Lady Gaga"变成了新的口头禅，表达一种"不但吃惊，而且还被严重雷到"的感觉。

可以发现，不少游戏词成为网络新词，并不见得能比旧词具有更丰富的含义或者更微妙的内蕴，只不过语言形式本身新鲜有趣罢了，它们流行的很大一部分原因必须归结于语言使用者对游戏趣味的诉求。

## 三、游戏造词中的修辞造词法

语言游戏造词法类似于"修辞造词法"，但又不完全相同。

周洪波（1994）指出，修辞现象的词汇化是新词语产生的一种重要途径，他举例说明了三种主要的修辞造词现象：一、仿拟造词。如"星运"，指做明星的运气，仿"官运"之说而来；"男士"是对青年男子的尊称，由"女士"对义而来。二、借代造词。如"大盖帽"指着装执法的警察，这是借人的特征来称代人；"大墙"指监狱或劳改农场、犯人管教所，这是借物的特征来称代物。三、比喻造词。如"搭车"，原指搭乘车辆等，喻指趁某种机会顺便做某事；"台阶"原指用砖、石、混凝土等筑成的一级一级供人上下的建筑物，喻指水平、层次、阶段等。此外，还有谐音（如"官念""宴收"）、婉曲（如"弱智"）、拟人（如"严先生""商先生"）、夸张（如"爆棚""魔针"）、通感（如"绿甜旅游"）、双关（如"老大男"）、数字（如"3860部队"）、象征（如"绿色食品"）、简缩（如"打拐""纠风"）等。此后，查仲云（2004）、刘兰民（2007）都相继论述了修辞法在造词中的作用，并提供了更多的新词例证。

　　游戏词中的很大一部分都来自于类似的语言机制，但我们认为它们不是一种修辞法的词汇化，而是一种语言游戏的词汇化。"修辞"是为了实现特定的表达意图，对语言项目进行的有明确交际目的加工润饰活动，因此"修辞造词法"不仅是形式上的操作，往往涉及新的意义内容，追求形式和意义的有机匹配。比如"官运"和"星运"这种仿拟造词的原型和仿型之间不仅有词型的相似，而且有相通的词义理解模式。再如"官念"和"观念"这种谐音造词的两个词项不仅读音相同，而且意义上有双关反讽的关联。而所谓"语言游戏造词法",也关注语言单位的变形操作,但是这种操作没有明确而专门的表达意图,只是为变形而变形的"无厘头"游戏。这种语言游戏因为和表达意图无关,所以往往仅是一种形式的操作,不涉及意义的增益。

比如同样是围绕语音形式展开的造词,修辞法用的是"谐音双关",游戏法则主要是"无关谐音"——故意用和词义没有关联的谐音来重新表达,形成一种网络游戏词。

这种游戏造词方式在网络语言中早已有之,早期的如"斑竹(版主)""幽香(邮箱)""大虾(大侠)"等,后来更是层出不穷,成了一种非常有效的新词生成手段。如:

神马:是"什么"的谐音,"神马都是浮云"更是轰动一时,成为许多人的口头禅。

围脖:指的是"微博",是"微型博客"的简称。"织围脖"即"写微博",已成为当今时尚,很多人成了"织男""织女"。

再如把"激动"写成"鸡动",把"泪流满面"写成"内牛满面",把"淡定"写成"蛋定",把"非主流"写成"肥猪流",把"怎么"写成"肿么",把"有没有"写成"有木有",等等,都是一种在谐音形式间缺乏关联性的游戏用法。

不过,在本章第一节网络词语的界定中我们已经指出,这种"无关谐音"其实是一种用法而不是一种造词法,只有那些形式稳定下来的项目才能成为网络新词。

此外，查仲云（2004）分析了"修辞造词法"中的"委婉造词"。"委婉"是一种修辞格，又称"婉言"，指"人们在某些场合下交际，或者叙事、说理、抒情，为了取得好的表达效果，往往需要言语婉转。给不宜当众说或不好听的事物换一个委婉些的名字。经常运用谦敬语、曲折语、缓和语、暗示语等"。委婉造词则是采用委婉的说法来造，如用"残疾"代替"残废"、用"智残"代指"傻瓜"，更能体现人性的关怀。

　　"修辞造词法"中的"委婉造词"包含了两方面的因素：一，表达意图是使言语婉转；二，表达手段是采用隐晦的形式。而到了网络语言的"语言游戏造词法"中，"言语婉转"的表达意图消减了，"采用隐晦形式"的游戏属性被放大了，更多时候形成了一种"制谜""解谜"的游戏，往往用于隐晦的脏话和不雅表达，如：

　　**艹：一个偏旁，俗称"草字头"，在网络语言中假借为脏话的隐晦说法。**

　　网络游戏造词还利用了日常语言很少见到的修辞手段，比如，在"修辞造词法"中几乎没有"别解造词"和"反语造词"。因为作为修辞格的"别解"一定会涉及本来的意义和别解的意义这两种意义，而且这两种意义的差异越大越好，反差剧烈才会带来强烈的幽默效果。但对于造词来说，很难在一个相同的形式下容纳两个反差很大的义项，所以很少见到"别解造词"。"反语"也是如此，在特殊语境中我们可以正话反说或者反话正说，但是脱离开语境，只就单个词语来说，很难把意义相反相对的两个义项归入同一个词型之下，否则很容易引发理解上的混乱。但是对于网络语言来说，"别解"和"反语"是天生带有游戏性质的，所以"语言游戏造词法"就把它们的别解义和反语义固定为新义项。"别解"和"反语"造就的网络词语，其原型往往是日常词语，在网络语言中形成了对日常词语的别解和反讽。别解的例子如：

蛋白质：别解为"笨蛋+白痴+神经质"，用来骂人的话。

特困生：别解为"课堂上特别爱犯困的学生"。

老板：别解为"老是板着脸"。

反语往往需要和谐音配合，如：

叫兽："教授"的谐音反语，主要指那些违反师德的大学教师。

砖家："专家"的谐音反语，主要指那些靠发表不合适的言论来为自己赢得声誉的学者，或者是发表违背常识言论的权威。

妓者："记者"的谐音反语，主要指那些靠炒作不可靠的消息来哗众取宠的新闻工作者。

还有一种常见情况，就是"别解"和"反语"两个语言游戏一起操作，由此产生了一批游戏词，如：

神童：别解为"神经病儿童"，"神经病儿童"和"具有神奇表现的儿童"又构成反语。

偶像：别解为"呕吐的对象"，"呕吐的对象"和"崇拜的对象"又构成反语。

天才：别解为"天生蠢材"，"天生蠢材"和"天生奇才"又构成反语。

以上是反话正说，下面是正话反说：

白骨精：别解为"白领+公司骨干+社会精英"，"白领+公司骨干+社会精英"和"白骨化成的妖精"形成反语。

泼妇：别解为"活泼的女性"，"活泼的女性"和"泼辣的女性"形成反语。

这些例子中，日常词语的意义先是被别解为网络语义，而这个网络语义又是和日常词语的语义相反的。

## 四、游戏词的作用

周洪波（1994）认为："仿拟、借代、比喻等构成的词语，最初都含有特定的情态和气氛，具有较浓的修辞色彩。一经转化为词汇现象后，这种独特格调虽有淡化的趋势，但还是带有一定的修辞色彩。"这种修辞色彩，"常见的有感情色彩"，"其次为语体色彩"。

这个分析对网络词语中的语言游戏造词法也是适用的，语言游戏造词法造成的游戏词，往往不是为了标记新概念而产生的，而是起源于特殊的语体效果。对于游戏词来说，因为都源自纯形式操作的语言游戏，所以感情色彩比较单一，主要就是谐谑、滑稽、搞笑（还没有达到幽默的境界），而其语体色彩也更加明确，就是网络语体色彩，这些游戏词一经使用就使人联想起网络语境。在网络交际中，不使用这些游戏词，就会让人觉得不是地道的网络语言，语言游戏造词法和游戏词已经成为网络语言的重要标志之一了。

# 第三节　缩略词

有很多引人关注的网络词汇现象，如数字谐音、字母词、网络缩略语等，我们统称为缩略词。缩略词中的一部分是为了方便快捷而产生的，用网络语言进行即时交流，最大的困难就是写的速度跟不上说的速度，为了弥补这一不足，网络语言发展了一系列缩略形式；但也有很大一部分缩略词没提供太多的输入方便，而且其特殊形式也没有提供额外的修辞价值，其流行主要源于游戏心态，并借助网络传播机制病毒式扩散开来。这些词汇成分如果不能满足一般的词语使用机制，绝大多数都会是昙花一现，并不会在语言长河中留下太多的痕迹。

## 一、数字谐音

数字谐音就是根据阿拉伯数字组合的读音来模拟一些汉语的词句，从而构建一些具有独特缩略形式的网络语言词项。表面看来，数字符号输入方便是形成这一词项的重要动因，但实际考察一下就会发现很多数字谐音相似度并不高，流传性也不广，根本没有在网络交际中推广开来，主要是满足游戏心理，在年轻学生之间隐秘地使用，带有社会隐语的性质。

我们不妨来看一下网民整理的以数字"0"为开头的数字谐音语句[1]：

000：你你你

01925：你依旧爱我

02746：你恶心死了

02825：你爱不爱我

03456：你相思无用

0437：你是神经

045617：你是我的氧气

04527：你是我爱妻

04535：你是否想我

04551：你是我唯一

0456：你是我的

04567：你是我老妻

0457：你是我妻

045692：你是我的最爱

0487：你是白痴

0487561：你是白痴无药医

---

1 摘自百度百科"数字谐音"条目。

0564335：你无聊时想想我

0594184：你我就是一辈子

065：原谅我

06537：你惹我生气

07382：你欺善怕恶

0748：你去死吧

07868：你吃饱了吧?

08056：你不理我了

0837：你别生气

095：你找我

098：你走吧

可以发现，以上这些数字谐音形式真正能无障碍地在一般交际场合使用的几乎一条也没有。

## 二、字母词

网络语体中有大量的字母词，大致可以分为以下几类：

英语词，如：bye-bye（再见）、cool（酷）。

英语中的缩略词，如：BB（baby的缩写，指宝贝、孩子）、BBL（Be back later的缩写，义为"过会回来"）、BTW（By the way的缩写，义为"顺便说一句"）。

汉语词的拼音形式，如：kao（靠）。

汉语词的拼音缩写，如：BXCM（冰雪聪明）、xswl（笑死我了）、dbq（对不起）。

英语词和英语缩略词有很多并不是专用于网络语体，在日常语言中也会用到，但日常语言中的字母词主要是为了引进新概念以及表述方便的需要而产生的，如CD、DVD、MP3、WTO等都是如此。而网络语言中的字母词，其出现原因并不主要是方便快捷，更多的是为了避讳。多半涉及脏话詈语，如BC（白痴）、BT（变态）；或者和性禁忌有关，如RY（人妖）、SM（性虐待）等；还有一些网络常用的字母词，则主要和游戏心理有关，属于跟风的结果，如LP（老婆）、LG（老公）、FT（昏倒）、RPWT（人品问题）等。

## 三、网络缩略语

网络语体中还有一种特殊词语，少量三字格，大多数为四字格，不少学者称其为"网络新成语"，但我们认为这个概念很含混，也名不副实：成语必须是使用一段时间后被大众所接受的，而这些所谓"新成语"大多昙花一现，很难在大众语言中存留。

这些"新成语"内部其实有三类，第一类描述了一个特定事件，可以归入本章第四节将要讨论的"事件词"类型，如正龙拍虎、欧阳挖坑；第二类是本书所定义的无关谐音现象，将在第五章详细讨论，如火钳刘明（"火前留名"的谐音）、飞蝗芜湖（"非黄勿护"的谐音）；第三类就是通过缩略方式构成的网络缩略语，本节主要讨论第三类缩略语的情况。

从2011年网络缩略语兴起，到2017年为止，我们搜集到的三字缩略语按音序排列有19个：

白富美、城会玩、断舍离、高大上、高富帅、何弃疗、活久见、经拿滚、来信砍、冷无缺、请允悲、然并卵、我伙呆、细软跑、醒工砖、语死早、语体教、战五渣、注孤生

四字缩略语按音序排列有14个：

啊痛悟蜡、不哭站撸、不明觉厉、毒德大学、焦锐奶化、累觉不爱、母胎单身、男默女泪、人艰不拆、十动然拒、说闹觉余、无图说锤、喜大普奔、细思恐极

考察这33个缩略语，可以很明显地感觉到它们和日常语言中的缩略语有很大的不同。第一个区别是网络缩略语以谓词性为主，除了"战五渣"是体词性的以外，其他都是谓词性的。

第二个区别是语义特别浓缩，大多是从复句缩略而来，如：

男默女泪：来自"男的沉默了，女的流泪了"。

人艰不拆：来自"人生已经如此艰难，有的事就不要拆穿了"。

不明觉厉：来自"虽然不明白什么意思，但是觉得很厉害"。

"男默女泪"是并列复句，"人艰不拆"是让步从句，"不明觉厉"是转折复句。

有些还是多重复句，如：

喜大普奔：来自"喜闻乐见，大快人心，普天同庆，奔走相告"。

有个别甚至是句群的缩略，如：

毒德大学：是摄影论坛流行语，来自"什么镜头拍的？毒！德味！大师！学习了！"，其中的德味指德国味道（德国镜头拍的）。

第三个区别是有不少词语无法归入常规的缩略法。

常规的缩略造词法有紧缩（欧洲联盟——欧盟）、截取（复旦大学——复旦）、合并（离休退休——离退休）、标数概括（思想品德好、学习好、身体好——三好）等，但是不少网络缩略语却无法归入这些类别，如：

说闹觉余：来自"其他人有说有笑有打有闹感觉自己很多余"。

这些例子中，"喜大普奔"来自成语连用，而"说闹觉余"前后两部分的主语都不同，这些缩略没有规律可循。

还有更奇怪的：

啊痛悟蜡：来自"啊多么痛的领悟"，后面的"蜡"是因为网友说这句话时，常加个"蜡烛"的表情符号。

请允悲：来自"请允许我做一个悲伤的表情"。

然并卵：来自"然而并没有什么卵用"。

"啊痛悟蜡"把表情符号也引入缩略词；"请允悲"中的"请"是一个不太重要的礼貌用语，按常规应该省略掉，这里面明显是为了凑音节而保留；"然并卵"里面有两个关联词……这些在传统缩略语里面都是匪夷所思的。

## 四、缩略词的留存规律

总的说来，以上三类网络语言现象——数字谐音、字母词和网络缩略语都可以看作一种网络语汇的简缩手段，它们的出现和流行有其共同的原因，主要可以分为两方面：一个是经济性原则，确实有那么一些语言单位在网络交际中频繁出现，本身又太复杂不利于输入，因此产生了简约的缩略形式，这和一般的缩略语产生机制是一样的。另一个还是游戏性心理，一些数字谐音、字母词和网络缩略语因其新异性而产生流行效应以后，网民开始跟风大批地制作，产生了很多并不具有突出交际价值的类似词项，在短时间内形成一种夺人眼球的规模效应。

不过，即使是网络语言，也是需要遵守语言发展的一般规律的，因为游戏性心理而产生的大量网络缩略形式，随着新鲜感的磨损很快就消失了，只有那些真正满足交际动因的成分才在网络交际中留存下来。

数字谐音形式和字母词主要在1990年代到2000年代之间流行，时至今日，还在使用的已经不多了。比如数字谐音，经常使用的我们归纳如下：

1314：一生一世

520：我爱你

666：溜溜溜，指"很厉害"

88：拜拜

886：拜拜啦

9494：就是就是

而字母词相对就多一点，这也是和日常语言中也在大量使用字母词联动的。

网络缩略语兴起于2011年，主要集中在2013年，到2017年为止成为社会流行语而广泛使用的主要有15个，见下：

2011：男默女泪

2012：高富帅、白富美

2013：高大上、我伙呆、请允悲、何弃疗、不明觉厉、人艰不拆、喜大普奔

2014：断舍离

2015：然并卵、城会玩、活久见

2017：母胎单身

这15个是大家比较熟悉的，留存下来的可能性比较大，其他的18个早就消失了。但是由于网络缩略语整体出现的时间还不长，到底最后有多少个可以留下来，还是让我们拭目以待。

分析以上这些缩略形式留存的共同原因，主要有三条：

第一，使用频繁。很多是频繁使用的交际惯用语，如666、9494、BTW；很多是社会热点事物或者常见行为，如520、断舍离、高富帅。

第二，描述内容复杂。很多字母词是一个复杂词组或者句子的缩略，几乎所有的网络缩略语都包含了两个以上的述谓结构，这就使网络缩略语具有了较大的省力价值。

第三，遵循日常语言的缩略规律。很多别出心裁的缩略形式，作为语言游戏可能流行一时，但因为违反了基本的造词规律，还是很难保留下来，如大量的数字谐音形式，再如"啊痛悟蜡"等一些理据不强的缩略语，就是过眼烟云而已。

# 第四节　事件词

## 一、事件词的界定

"事件词"是网络流行语中的一种特殊词汇现象，学界对此并没有准确界定和系统研究，我们为了讨论方便而加以命名。所谓"事件词"，就是概括自一个完整事件的词语，这个事件往往是某一时段的社会热点，人们要频繁论及这一事件，于是就产生了一个相对固定的词语形式。

根据我们对事件词的界定，这一语言现象是在2007年前后兴起的，到2017年，10年间常见的事件词大约有以下38个：

2007年：正龙拍虎、欧阳挖坑、月球挖坑、三毛抄四

2008年：范跑跑、郭跳跳、范跑郭跳、俯卧撑、黔驴三撑、谁死鹿手、猪涂口红、林貌杨音、艳照门、被自杀

2009年：躲猫猫、70码、楼脆脆、开胸验肺、丁磊养猪

2010年：我爸是李刚、刷漆绿化、唐骏读博

2011年：郭美美、五道杠少年

2012年：杜甫很忙、世界末日、最炫民族风

2013年：帮汪峰上头条、中国大妈、爸爸去哪儿

2014年：航母style、冰桶挑战

2015年：为国护盘、Duang、世界那么大我想去看看

2016年：葛优躺

2017年：金拱门、求锤得锤

为了便于理解"事件词"概念，我们摘录一些"事件词"举例说明如下：

**正龙拍虎（2007年）**

2007年10月，陕西省林业厅宣布发现华南虎，并公布村民周正龙拍摄到的华南虎照片，周正龙获得奖赏。这一轰动性消息随即引来广大网友的质疑，一网友称老虎的原型实为老虎年画。周正龙假冒事件因此被揭露，周也成为网民耻笑的对象。

**范跑跑（2008年）**

2008年5月12日，中国四川汶川地区发生大地震。地震时，作为中学老师的范美忠丢下学生不管自行逃跑。事后更在天涯社区发表了"跟你们一起死没有意义"等令人震惊的言论，于是被网友戏称为"范跑跑"，并引发了一场关于"师德"的讨论。

**我爸是李刚（2010年）**

2010年10月，据网友爆料：在河北大学新区超市前，一辆黑

色轿车将两名女生撞出数米远，一女生死亡，另一女生重伤。肇事者口出狂言："有本事你们告去，我爸爸是李刚。"但是，事后也有调查称肇事者并没有讲过这句话。事实真相如何，已无从查考。

**杜甫很忙（2012年）**

2012年3月，高中语文课本中的杜甫图像被恶搞，正在仰天沉思的杜甫被涂鸦成各种形象：端着狙击枪凝视远方的，戴着墨镜骑电动车出门的，坐在桌前切西瓜的……这一组"杜甫很忙"的课本涂鸦图片，让诗圣杜甫突然又成了"微博红人"。

**航母style（2014年）**

航母style指中国首艘航母"辽宁号航空母舰"指挥员在起降舰载机过程中的手势动作。指挥员右膝跪地，左手高举，喜感十足。

**为国护盘（2015年）**

2015年5月到7月初，中国股市放量下跌，沪深两市市值集体蒸发上万亿元。在股市下跌期间，网民倡议"为国护盘"，意思是不要为了个人利益抛售股票，而要为了国家整体利益维护股市的稳定，坚持不抛售股票。

## 二、事件词的特点

从上述语言材料可以发现事件词的一些共同特点，即：构成复杂，语义具体，用法受限。

首先，事件词在构成上比较复杂。

音节上以三音节、四音节为多，有一些是五六个音节的固定词组，还有少量以句子的形式呈现，如"世界那么大我想去看看"。

内部结构上，因为事件词要通过关键语素来勾勒人、事、言、行等完整的事件要素，也必须具有一定的复杂性，主要是述宾结构或者主谓结构，有时候还表现为主谓宾齐全的句子形式，如"我爸是李刚"。如果是偏正结构，主要借用"门"等含有事件性语义的类词缀，如"艳照门"。还会借用古汉语语素和句式来增加意义容量，如"黔驴三撑、林貌杨音"都有鲜明的古汉语色彩。

其次，事件词的语义比较具体，往往直接指向这个事件本身，很难产生泛化含义。

典型的事件词和其他网络词语不同。其他网络词语也可能源自某个事件，但由于构词语素组合本身就富有普遍意味，所以脱离了事件背景也可以被大众理解。如2011年的流行语"虎妈"原来是一个专名，用来指美国耶鲁大学华裔教授蔡美儿，她写了一本名为《虎妈战歌》的育儿书，引发了全世界对东西方教育方式的大讨论。但是"虎妈"本身带有比喻性质，语素组合的意味丰富，构词理据明显，因而很快泛化为一个普通名词，用来指一切"非常严格地对待儿女教育问题的妈妈"，成了一个普遍性词语。

　　与之相比，事件词的语义只是指向特定事件或者特定人物，如果不了解事情的前因后果，就不太能理解该词语。比如同为2011年流行语的"郭美美"，就是一个典型的事件词流行语，因为其明显的姓名构词法，只能用作专名，专指那个以"中国红十字会商业总经理"的虚假身份炫富的网络红人。

　　再通过一个实例来比较事件词和其他网络词语的差别。2008年新年，网络上突然开始流传香港明星陈冠希和女艺人之间的不雅照片，引起社会轰动。广州电视台街头采访一位市民对此事件的看法，这位市民说："关我什么事，我是出来打酱油的。"这个事件催生了两个网络词语，一个是"艳照门"，一个是"打酱油"，按照我们的分类，前者是事件词，后者就是一般词语。"艳照门"只是描述这个事件本身，而"打酱油"则进一步引申为"不想谈敏感话题""与自己无关""自己什么都不知道"等各种意思，迅速流行。

　　最后，由于复杂构词和专一语义的制约，事件词的用法受到很大限制。

　　一种用法是直接指向特定的人或事，类似专名的用法，这种用法一旦脱离当时当地的热点聚焦，使用频率肯定会下降，并且很快退出网络语言的舞台。另一种用法是事件词通过语义引申和泛化，产生了一些抽象的概念意义，这样就有可能保有较长时间的活力。比如2013年兴起的"中国大妈"，本来也是一个集体专名，隐含了一个"中国大妈爆买黄金"的专门事件，即2013年4月15日，黄金价格一天下跌20%，与此同时大量中国女性冲进店铺抢购黄金制品，她们被称作是抄底黄金市场的"中国大妈"。《华尔街日报》甚至专创英文单词"dama"来形容这些购买力超群的"中国大妈"。但此后"中国大妈"渐渐脱离当年狂买黄金的语境，成为一个人群的泛化称谓，由此产生了很高的使用频率。

一般词语语义引申的途径主要是隐喻，利用了事物之间的相似性，而事件词语义引申的途径主要是转喻，即从典型个体(典型事件)转向普遍群体(普遍事件)，或者从典型个体(典型事件)转向典型属性(典型特征)。这是因为事件词本身描述了一个复杂事件，不太容易找到相似性扩展的渠道。

显然，事件词的使用频率取决于它的泛化程度，而它的泛化程度又取决于它的词语构造：专名化程度越高越不容易泛化，结构越复杂越不容易泛化。

### 三、事件词的贬义倾向

还有一个值得注意的情况就是事件词的贬义倾向，反面人物和恶性事件占了绝大比重，早年几乎全部是贬义的，后来才慢慢出现一些褒义的。

我们选取的38个事件词，统计如下：

| 情感倾向 | 举例 | 数量 | 比例 |
|---|---|---|---|
| 贬义 | 正龙拍虎、欧阳挖坑、月球挖坑、三毛抄四、范跑跑、郭跳跳、范跑郭跳、俯卧撑、黔驴三撑、谁死鹿手、猪涂口红、林貌杨音、艳照门、被自杀、躲猫猫、70码、楼脆脆、开胸验肺、我爸是李刚、刷漆绿化、唐骏读博、郭美美、五道杠少年、求锤得锤 | 24 | 63.16% |
| 中性 | 丁磊养猪、杜甫很忙、世界末日、最炫民族风、帮汪峰上头条、中国大妈、爸爸去哪儿、Duang、葛优躺、金拱门 | 10 | 26.31% |
| 褒义 | 航母style、冰桶挑战、为国护盘、世界那么大我想去看看 | 4 | 10.53% |

　　一方面，这说明了新闻事件的传播规律，一般来说坏人和恶行更容易耸人听闻，更容易形成新闻传播的效应；另一方面，也反映了某些媒体追逐眼球效应，不惜夸大社会阴暗面的不良风气，长此以往，不免会累积戾气，值得引起我们的关注和警惕。

　　事件词的诞生与发展是语言成分与社会嬗变互动的结果，事件词如实记录了历年来的社会事件和公众人物，堪称社会生活的活化石。从语言发展史来看，事件词类似于古人的典故用法，浓缩了特定人物、特定事件的背景信息，不了解这些背后的故事，就无法理解和使用这些词语。虽然，目前的事件词所表示的事件并不"故"，也没有入"典"，但是随着时间的推移，它们中的一部分也许会逐渐成为未来的"典故"。

# 第五节 网络流行语

网络语言每年都在贡献大量的社会流行语，近年来，网络流行语更是成为社会流行语的主要来源。网络流行语盛行也是网络语体的一个重要特征，本节对其产生原因、语义特点和传播方式进行概要说明。

## 一、网络流行语背后的游戏心态

网络流行语在语言使用心理上显示出了一种非常明显的"游戏心态"，即把语言使用当成一种游戏过程，在实现交际目的之余，还费心寻找超常使用语言的方法，把玩语言单位的语音、字形、组合方式等形式特征，追求一种娱乐大众的趣味。

不同的流行语包含不同的游戏成分，不同的游戏成分游戏化的程度也各不相同。比如流行语"给力"，源于方言，但直接出处是网友配音的日本动画片《西游记·旅程的终点》，义为"带劲、有冲击力"，其中的游戏成分就比较薄弱，仅是一种借用方言产生的特异语素组合。此后，有网友根据"给力"造出一个新的英文单词——ungelivable（不给力），其游戏成分就比较丰富，因为含有跨语言的形式要素，还有造词法的中西混搭。再如"泪流满面"来自《南方周末》1999年的新年致辞——总有一种力量让我们泪流满面，相关的报道引起了很大反响，"泪流满面"也成为一个社会流行语。这个流行语是语言的正常使用，是没有游戏成分的。但是随后与之谐音的"内牛满面"也成为流行语，就含有较丰富的游戏成分了，主要就是"内牛"这个离奇形式和"泪流"的意义之间的背离。

游戏心态产生的原因是什么？

首先，热衷于创造和使用流行语的主要是年轻人，而且往往具有高学历、高智商、喜爱新鲜、勇于尝试的特征。他们在语言生活中，往往不满足于使用平凡普通的语言形式，总想要挖空心思、语出惊人。他们也拥有足够的智力，在用于语言内容加工之余，还能用于对语言形式的改造。他们关注没有实际交际价值的语言形式加工，纯粹出于一种娱乐性的目的，可以看作是一种"多余语言智能"的释放。流行语的创造者们对语言符号的游戏性加工，能显示出高人一筹的语言能力，而且这种对语言形式的操弄，不知何时就会在团体里创造出一种流行的语言形式，这将会带来极大的满足感和成就感。

其次，在娱乐化的年代，一些人试图消解崇高、庄重、高雅这些沉重的东西，而代之以"藐视一切"的世俗娱乐态度。年轻人对此尤为认可，"无厘头"的影视文学作品一度大行其道就是一个有力的证明。

这种对神圣化的消解首先针对的是外在于语言的事物，消解过程必须依赖语言而进行，此时语言只是一个操作的工具，但消解一切的浪潮也很快蔓延到语言本身。流行语言的创造者和使用者们藐视一切惯例、习俗和律法，深深质疑其背后的合理性，他们最终把循规蹈矩的话语也当作了质疑的对象——语言为什么要这样用？词语为什么不能生造一个出来？语法为什么不能打破？从本质上讲，语言系统及其使用规律也是一种约定俗成的规则，我们又为何要受其摆布呢？在这样的潜意识支配下，改造语言、突破常规地使用语言，也成了现代人反抗既成规则的有力手段，此时语言不再是工具，而成了消解神圣化操作的直接对象。

所以，这些人一边用轻松、谐谑的语言调侃着生活百态，一边也不遗余力地"调戏"语言本身；他们不屑于正儿八经地说话，把语言自身的形式也当作操弄的对象，在所指和能指两个层面进行着"去神圣化"的游戏活动。可以说游戏心态不仅是一种语言心态也是一种社会心态。

最后，流行语的游戏化现象也是年轻人社群身份认同的需要。大家都这么说这么玩，要想加入这个团体获得认可的最佳手段就是我也这么说我也这么玩。能像别人一样娴熟地通过游戏方式使用流行语，其实是在显示我和你们一样是"圈内人"。这种身份认同的作用并不只是流行语所独有的，一切的社群一切的语言变体形式都具有类似的产生动因。

不过，我们也要看到，游戏心态在为流行语的传播推波助澜之时，也有其不可忽视的负面作用：一方面和意义表达无关的符号选择耗费了解读的心理能量，破坏了语言的经济性；另一方面，游戏文字的态度也消解着表达内容的严肃性，影响了表意的准确性。因此，在网络语体中使用游戏化的流行语还无伤大雅，在书面语体中大量出现就不伦不类了——这也是我们反对在新闻报道、通知报告等语体中使用游戏性流行语的原因。

## 二、网络流行语的极致性特点

网络流行语有一种极致化表达的倾向，夸张的描述、极端的态度、偏激的情绪随处可见，可谓"语不惊人死不休"。

从语言形式上看，有一些极致含义是包含于词义之内的，这些词语的语素往往就带有极致特征，如"霸、神、豪、大"等。在使用中，网络语言对这些词语毫不吝惜：稍有一些条件就是"高富帅"或"白富美"，再出众一点就是"男神"或"女神"；学习好就是"学霸"，学习差就是"学渣"；有点钱就是"土豪"，有点才就是"大神"；吃顿夜宵就是"吃货"，住个三室两厅就是"豪宅"；稍有龃龉就是"友尽"，略遇挫折就会"崩溃"；剪个头发就"给力"，涂个指甲就"酷炫"；粉丝过千即可叫"大V"，稍有出格就被骂"奇葩"……这些词语的泛滥使用，使网络上的人和事泯灭了个性，成了一种脸谱化的存在。

在句法上，极致用法常见于述补结构，从早年校园流行语中的"帅呆了""酷毙了"到后来"美哭了""可爱哭了"中的"哭"的泛滥，还有恶俗的"屌炸天""屌爆了"，都是形容词加上程度补语的结构。这种结构与日常口语中的"乐坏了""美死了"其实是一样的，但是网络语言发展出更多表示程度深的补语。

修辞上的语词叠用也会带来强调性的极致意义，所以在网络语言中排比、反复是司空见惯的，如2014年的流行语"买买买"。所谓"重要的事情说三遍"，就是这种用法的直接表现。

上述极致用法造就了不少网络流行语，常见的有"很黄很暴力""高端大气上档次，低调奢华有内涵""压力山大""我和我的小伙伴都惊呆了"等。

追究网络语言极致用法的成因，客观上是语义的贬值效应。语言和商品一样，其价值和使用频率相关，使用次数多了，商品就要折旧，而语言的意义也会磨损。天长日久，商品就会损坏导致一文不值，而语词也会被最终弃用。语言中的这种贬值效应在避讳语和极致词语上表现得最为明显。例如任何一种语言中表示"厕所"的词语总是不少，汉语中就有"茅房""化妆间""洗手间""卫生间""更衣室""1号""WC"等等，都是因为一个词语的委婉义被磨损了，就发明一个新的出来。极致词语也是一样，日常语言中常见的副词"很""极""最"用多了，其极致意义就磨损了，求新求异的语言使用心理就要求制造新的语言形式来表达程度含义。

从主观上来说，这反映了网民的一种夸张心态，是为了满足吸引眼球的需要应运而生的。网络上人人都是自媒体，微信、微博、QQ空间都想引人关注，可是普通人生活是如此贫乏，不可能每天都有值得报道的新闻事件，所以只好在文字上玩花样，把微波荡漾说成狂风暴雨，把家常便饭搞成山珍海味，把鸡毛蒜皮吹成耸人听闻，这就在网络语体中形成了一片夸饰之风。

我们不妨来看一个例子：

（1）今早，地铁挤爆了，都把我挤出翔了（"翔"在网络语言中是"屎"的代称），不过碰到一个老外，简直帅哭了！他女朋友也超美超酷超有型！男神和女神！！！

这其实就是坐地铁看到一对外国人，居然可以通过极致化表达渲染成一个"新闻事件"。

然而，这种极致用法的泛滥并不是一件好事。对语言来说，会逐渐失去表达的精确性，形成一种浮夸的文风。对于个人而言，这种夸大其词的语言习惯一旦养成，就会严重影响到表达者的公信力。

## 三、网络流行语的仿拟性

网络流行语还存在一种仿拟性的特点，即一个流行语出现后，大量的仿拟形式随之泛滥。这是一种流行语的次生现象，即在已有流行语的基础上，通过仿造的方式产生大量新的流行用法。

这里富有特色的是，网络流行语仿体借用的往往只是本体的形式特征，本体原来的含义、韵味、风格在仿体中都荡然无存，变成了一种冗余的格式特征，整个流行语的仿拟过程变成了一种缺乏意义的戏谑仿制。我们举一个典型的例子：

（2）贾君鹏你妈妈喊你回家吃饭

（3）贾君鹏你妈妈喊你去买房

（4）牛魔王，你妈喊你回家吃饭！

（5）丫友们，你妈妈喊你回家吃月饼了！

（6）光棍们，你妈妈喊你"脱光"

（7）妈妈喊你回家打屁股

（8）《建国大业》，你妈妈喊你一起去看

（9）马琳，你妈妈喊你回家单纯

　　2009年7月16日，网友在百度贴吧魔兽世界吧发表了一个名为"贾君鹏你妈妈喊你回家吃饭"的帖子，随后短短几个小时内被几十万名网友浏览，引来几万条回复，被网友称为"网络奇迹"。"贾君鹏你妈妈喊你回家吃饭"在成为流行语后，迅速走上"无意义仿制"的道路。上面所引例句都是网络新闻或网络随笔的标题，意义越走越远，到最后只剩下一个"你妈妈喊你……"的基本格式，甚至出现"马琳，你妈妈喊你回家单纯"这样生搬硬套的病句。

　　除了流行语被仿拟，在网络语言中出现了一种所谓的"网络流行语体"，也集中体现了仿拟性的特点。

　　网络流行语体中较早出名的是"知音体"。2007年8月，一位网友在天涯社区发帖号召大家模拟《知音》杂志的语言风格来给大家熟悉的故事重新命名，由此激发了无数网友的创作欲望，比如神话《嫦娥奔月》可以改名为《铸成大错的逃亡爱妻啊，射击冠军丈夫等你悔悟归来》，电影《唐伯虎点秋香》可以改名为

《我那爱人打工妹哟，博士后为你隐姓埋名化身农民工》……由此"知音体"风靡网络世界。

此后各种网络流行语体轮番上阵，你方唱罢我登场，至今长盛不衰。网络流行语体概括起来大概有以下两种类型：

第一种是对具体语言格式的模仿，主要表现为某种句法格式、某些专门词语的套用。有的是对整体格式的仿制，比如"蓝精灵体"就是对动画片《蓝精灵》主题歌词的套用，"凡客体"是对"凡客诚品"一段广告词的套用；有的甚至只靠一两个特定句式和专门词语，就形成了一种网络语体，比如"见与不见体"就是对"你见或不见，我就在那里，不悲不喜"这一句式的仿制，而"元芳体"的主要标志就是《神探狄仁杰》中的一句台词"元芳，你怎么看"。

第二种是对语言风格的模仿，在格式上不一定有严格的限制。这里面既有模仿传统经典作品的语体，比如"纺纱体"是仿照莎士比亚中文译作的风格，"红楼体"是仿照《红楼梦》的语言风格；也有模仿现代通俗文艺作品的语体，比如"甄嬛体"是仿照电视连续剧《甄嬛传》的语言风格，"TVB体"是仿照香港无线台电视连续剧的语言风格；甚至还有模仿各种电视栏目语言风格的语体，比如"走近科学体"是仿照中央电视台《走进科学》栏目的语言风格，"舌尖体"是仿照纪录片《舌尖上的中国》的语言风格。

这种网络流行语体不仅出现在网络中，而且大量出现在日常语境中，甚至在警方的公益广告中也看到了它的身影：

（10）*爱飙车，爱兜风/爱超员，也爱逃避处罚/爱超速，更爱不戴头盔/不是什么赛车手/不是行为艺术/我是交通违法人/我不走寻常路/我和你不一样/我拿着通向天堂的签证。*

这是上海警方制作的严禁飙车宣传海报，仿拟了网络上流行的"凡客体"，这种仿拟格式除了好玩以外，并没有产生特定的意义。

那么，这些网络流行语体到底是一种什么性质的语言现象呢？显然"网络流行语体"和语言学中所说的"语体"有近似的地方，都体现了某种语言风格，而且包含了一系列特定的语言特点。但是两者也有很大不同：首先，网络流行语体不是为了满足特定的交际需要而产生的，不同网络流行语体主要都是用于搞笑或讽刺，并没有特殊的表达效果；其次，网络流行语体一般不直接用于真实的交际活动，只是一种语言游戏，往往以幽默段子的方式存在；最后，网络流行语体往往和特定的社会事件相关，表现为一场突发的语言狂欢，但很快就会由盛转衰、销声匿迹了。

鉴于以上特点，我们认为所谓的"网络流行语体"并不是一种真正的语体，只是一种网络语言的特殊用法而已，它更接近于"仿拟修辞"。陈望道（1979）在《修辞学发凡》里指出："为了讽刺嘲弄而故意仿拟特种既成形式的，名叫仿拟格。仿拟有两种：第一是拟句，全拟既成的句法；第二是仿调，只拟既成的腔调。"这就是上文所说的网络流行语体的两种类型。早在鲁迅先生的文章中就有对唐朝崔颢名诗《黄鹤楼》的仿拟："阔人已骑文化去，此地空余文化城。文化一去不复返，古城千载冷清清。专车队队门前站，晦气重重大学生。日薄榆关何处抗，烟花场上没人惊。"这和今天的网络语体是异曲同工的，要是放在今天，也一定会在网络上疯传一阵。

当然，网络流行语体和仿拟修辞也有一个重要区别，就是两者的传播方式大不相同。仿拟是在特定语境制约下的一种临时性修辞用法，而网络流行语体则借助网络新媒介的便利演化为一种流行语言现象，甚至演变为一场全民狂欢。因此，仿拟仿的往往是历史上名篇名句，才能让人会心一笑，而网络流行语体常常源自于一个突发的语言事件，其语言流行的过程也伴随着该事件的传播过程。

缺乏意义的仿用其必然结果就是——从"随处可用"演变为"哪里用都没有意义"，最后变成"什么都不是"的语言游戏。

## 四、网络流行语的传播机制

### 1. 高频使用和广泛传播

语言变化的一个重要动因是高频使用和广泛传播。

首先，语言单位的反复使用导致词汇化、语法化的发生。语用单位在反复使用中变成词汇单位、语法单位，必须依赖重新分析、类推、语境吸收等变化机制，而这些机制都必须依赖反复使用才能发生。

其次，语言单位的语义变化也依赖于广泛的使用。不论是隐喻还是转喻，都意味着从单一语境向更多语境的推广，没有反复使用和广泛传播作为基础是很难实现的。

在以往的语言使用中，对特定语言单位而言，书面语的使用频率不够大，一个语言单位发生语义或者结构变化，进而形成新的固定用法，往往需要很长的历史时期。口语的使用频率可能很高，但是口耳相传的传播范围和传播速度都很有限，这使得语言的变化不能及时推广，很可能在传播过程中无疾而终。

在今天的网络语体中，网络交际环境极大地提高了语言单位的使用率和传播便利性。一个新的语言单位一旦引起语言使用者的关注，通过微信、微博、QQ等新媒介，可以在很短的时间内被反复使用并疯狂传播，这种使用量和传播范围以指数级增长，是以往口语和书面语根本无法想象的。

网络语体中特定语言单位的高频使用和广泛传播，为语言的变化提供了充足的条件，以往一个词语意义的泛化或者一个语法成分的形成需要几十年的使用去累积，但现在异常高频的使用以数量换时间，相应的变化可能在短短几个月甚至几天内就能完成。这就是网络语体兴起的几十年来，我们的新词语、新结构、新用法爆炸式产生的重要原因。

高频使用和广泛传播促使语言快速变化，这种变化不仅作用于语言单位的发生发展，也作用于语言单位的衰败消亡，所以新词语和新用法往往只能各领风骚一段时间，很快就会被此起彼伏的语言风潮所淘汰。

## 2. "主要看气质"个案研究

我们对2015年的一个网络流行语"主要看气质"进行个案研究，其兴起和传播过程具有特别典型的意义。

2015年11月24日凌晨，中国台湾知名歌手王心凌为了宣传即将发行的新专辑《敢要敢不要》，在新浪个人微博发了一张怪异的配图，一改以往的甜美路线而带有大量搞怪元素：绿色背景，造型时尚，手里却拿着汉堡做出大口吃的样子。如此造型让网友觉得看不懂，纷纷在评论里质疑，随后王心凌在与网友的互动中回复："主！要！看！气！质！"这些互动在12月初引发网友大量跟风，引发了一个发布怪异自拍照的风潮，同时都要配上一句文案："主要看气质。"这句话立刻在网络上迅速发酵，短时间内迅速登顶新浪微博热搜话题的第一位。

此后，一个点名游戏把该话题从微博带到了微信朋友圈。所谓点名游戏，就是在微信朋友圈中发布一个游戏，点名要求朋友接龙参与。该游戏规则如下：游戏者先发出一张自己的照片，把标题设为"主要看气质"，如果有朋友点赞或者回复，就算中招了，游戏者会把游戏规则告诉他，要么在朋友圈接着发"主要看气质"的照片，要么给游戏者发5.21元红包。该游戏规则中有几处特殊设计保证了这个游戏的广泛传播：首先，发朋友圈的时候不准说这是个游戏，既可以使更多的人上当又保证了游戏的神秘感。其次，游戏规则中还有一句煽情的话："如果当我是回事，玩下去！"用中国人最重视的"面子"来逼迫后来者继续游戏。最后，红包数目不大，数目却是人人皆知的5.21（我爱你），使该游戏显得趣味十足。这个游戏取得了病毒传播效应，一时间，几乎所有微信用户都被刷屏了，满眼都是自拍照片，由此"主要看气质"也迅速成为2015年末的超级流行语。

观察这些照片，一部分是美照，帅哥靓女型的，有些确实风度翩翩、气质不凡；但更多的是搞怪照，各种尴尬表情或古怪动作，所谓的"气质"在这里变成了恶搞和自嘲的对象。很快，"主要看气质"变成一场晒丑照大赛，看谁更丑，看谁更怪。与照片的变化同时，"主要看气质"也成了一句意义不断变化的流行语：从一开始励志型的用法，如"穿什么不重要，主要看气质"；到自嘲型的用法，如"丑得只能靠气质来撑了，主要看气质"；最后成了到处泛滥的套话，如"4点钟起床，不是看课本，主要看气质"。

晒照游戏还方兴未艾，一个"新梗"又来助兴，机智的网友把"主要看气质"翻译为"God wants to check the air quality"，这是对原话的刻意曲解，即"主（上帝）要看（检测）气（大气）质（质量）"。既有语言上的别解修辞，又暗扣当时雾霾频发的社会现实，丝丝入扣，令人叫绝。这一翻译神作立刻又引发了新一轮转发热潮，为"主要看气质"的流行推波助澜。

　　我们利用新浪微博"微指数"的热词趋势功能来对"主要看气质"的使用情况进行定量研究。我们首先搜索"主要看气质"在2015年12月1日到12月31日这一个月中的使用数字，数据如下表：

| 日期 | 使用次数 | 日期 | 使用次数 | 日期 | 使用次数 |
|---|---|---|---|---|---|
| 12月1日 | 11 | 12月2日 | 24 | 12月3日 | 129 |
| 12月4日 | 3731 | 12月5日 | 45566 | 12月6日 | 241901 |
| 12月7日 | 184349 | 12月8日 | 291271 | 12月9日 | 177103 |
| 12月10日 | 112588 | 12月11日 | 116242 | 12月12日 | 80436 |
| 12月13日 | 55848 | 12月14日 | 70250 | 12月15日 | 67111 |
| 12月16日 | 60178 | 12月17日 | 106071 | 12月18日 | 75552 |
| 12月19日 | 41291 | 12月20日 | 34646 | 12月21日 | 30621 |
| 12月22日 | 22860 | 12月23日 | 25608 | 12月24日 | 32320 |
| 12月25日 | 30506 | 12月26日 | 32484 | 12月27日 | 19956 |
| 12月28日 | 8755 | 12月29日 | 34918 | 12月30日 | 22610 |
| 12月31日 | 15466 | | | | |

　　由以上数据可见，"主要看气质"一词在12月4日至6日三天内爆发，4日是近4000，5日4万多，6日就到了24万多，但"其兴也勃焉其亡也忽焉"，这股热潮到了12月下旬已经迅速降温。

　　我们再拉长时间线，看看"主要看气质"在此后半年的使用情况，即2015年12月1日到2016年5月31日，可以发现在2015年12月兴盛以后，该词的使用数逐次下跌，之后稳定在每天近千次，再也没有大幅反弹过。

但不管如何衰退，"主要看气质"已经进入了现代汉语的词库，即使在两年多以后，在2018年1月1日到1月15日，其每日使用数也有几十次到两千多次，详见下表：

| 日期 | 使用次数 | 日期 | 使用次数 | 日期 | 使用次数 |
|---|---|---|---|---|---|
| 1月1日 | 107 | 1月2日 | 127 | 1月3日 | 163 |
| 1月4日 | 128 | 1月5日 | 389 | 1月6日 | 2663 |
| 1月7日 | 1475 | 1月8日 | 182 | 1月9日 | 188 |
| 1月10日 | 130 | 1月11日 | 407 | 1月12日 | 159 |
| 1月13日 | 114 | 1月14日 | 141 | 1月15日 | 83 |

纵观"主要看气质"的流行过程，可以发现这简直是网络流行语的一个教科书式案例：肇源于一个网络事件，然后经由微博、微信等社交媒体的病毒式传播一夜走红，由于其含义与社会心理暗合，于是大众群起跟风。随着使用频率的增加，话语本身的含义不断泛化，于是又得到更频繁的套用，如此循环往复很快变成一个无所不在的超级流行语，但同时新鲜感也开始消减，走上衰退的道路。

对于语言研究来说，网络语体及其网络环境提供了一个绝佳的研究平台。一方面快速的语言变化在这里不分昼夜地发生，另一方面网络平台保存了所有语言使用的海量数据，可以随时调用，这使得基于大数据的定量研究能够广泛开展，为语言的历时、共时研究都提供了极为便利的条件。

# 第四章　网络语言的修辞创新

网络语体中的修辞格使用很频繁，同时也有一些新辞格出现，本章选择两个新辞格——命名性辞格、关系反语，以及一种影响网络语言整体面貌的形貌修辞分别进行介绍。

## 第一节　命名性辞格的认知分析

### 一、命名性辞格的界定

2005年湖南卫视的《超级女声》歌唱比赛，催生了一种流行的语言现象：歌迷们自发组成小团体，为自己支持的参赛选手投票加油。在给自己的团队命名时，歌迷们把选手的姓名嵌入，由此产生了一系列名称：

玉米——即"宇迷"，李宇春的歌迷。

凉粉——即"靓粉"，张靓颖的粉丝。

盒饭——即"何fans"，何洁的fans（英语的"迷"）。

此后这种命名方法流传开来，又产生了一大批，如：

乙醚——即"易迷"，易中天的粉丝。

金粉——即金庸的粉丝。

钢丝——即"纲丝"，郭德纲的粉丝。

鱼丸——即"于"丸，于丹的粉丝。

从传统辞格分类来说，上面的名称分别使用了不同的辞格，如"金粉"字形不变而具有两种解释，是别解；"鱼丸"因为"丸"无意义，"鱼"谐音"余"，所以是谐音加断取；"玉米""乙醚"之类则是谐音。

不过，上述粉丝团体的命名现象和一般的辞格还有不同。原先的辞格多是从已有的旧型出发，另作阐发或变型以产生新型，其主要功能在于旧型新解（新的解释）；而现在这类现象，则是在命名某个所指对象时，不另造新词，而是寻觅旧型改造为新型并用于新的所指对象，其主要功能在于旧型新指（新的所指对象）。试比较：

（1）平日注入一滴水，难时拥有太平洋！（太平洋保险广告语）

（2）用粉丝自己的话说，"我们都是一家人"，玉米都是李宇春的"家人"。（《网络社区文化为何如此发达》，《北京青年报》2010年11月6日）

以上是一组谐音的例子，例（1）是旧型新解，作为海洋名称的"太平洋"是旧型，在特定的语境中进行了新的解释，变成了保险公司的名字。例（2）是旧型新指，当要指称"李宇春的歌迷"时，利用了"玉米"这个粮食作物名称的旧型。

其实，类似的旧型新指现象并不是始于粉丝团命名方式，而是早已有之。如"气管炎"谐音为"妻管严"，其产生原理并不是从"气管炎"的固有名称上另作生发，而是为了称代"妻子管丈夫很严厉"这种现象，从已有的旧型中挑出"气管炎"来借用。

再如仿词，也存在类似的区别：

（3）芳官那里禁得住这话，一行哭，一行说："……我一个女孩儿家，知道什么是粉头面头！……"（曹雪芹《红楼梦》）

（4）另外，这些孩子以前在老家或者民工学校上的都是"人教版"的全国教材，普遍不能适应"沪版教材"；而他们的家长普遍要求让孩子继续上"人教版"，学校只好"一校两制"分班教学，对上海学生教"沪版教材"，给"外来娃娃"上"人教版"教材。（《宝山区通河四小"尊重教育"开出第一朵花》，《文汇报》2009年12月16日）

例（3）的"面头"仿"粉头"而来，但其用意在于对"粉头"作重新解释，是旧型新解。而例（4）的"一校两制"仿"一国两制"，其用意不是对"一国两制"进行重新解释，而是仿照"一国两制"对"一个学校用两种教材的新教学制度"进行指称，是旧型新指。

传统修辞学对语形辞格的分类，主要从形音义的关联方式上着手，如分作谐音、别解、拈连、断取、仿拟等；而现在从语用意图上看，还可以分出两种基本类型：一类是从语言原型出发，另作解释以求机趣的阐发性辞格；另一类是从所指对象出发，寻觅原型用于称代的命名性辞格。我们主要讨论后一种命名性辞格。

命名性辞格的命名功能不同于一般语词的常规方法。当我们需要称述一个对象时，有三种常规方案：一是选用语言中已有的词语，利用其固有的含义来指称，这是语言的正常用法；二是语言中没有相应的词语，于是通过已有词语的意义引申来称述对象，久而久之该词语可能发展成多义词；三是在没有固有词语能描述对象时，创造一个新词语来称述对象。命名性辞格则是一种不同于以上常规方案的变通手段，即：使用已有的词语来称述对象，但既不利用该词语的原有意义，也不在原有意义上进行引申，而是在旧型基础上生成一个与旧型意义无关但词形相同或相关的新型，通过新型来实现称代某个对象的命名功能。

## 二、命名性辞格的理解过程

为了讨论命名性辞格在使用过程中的特殊修辞功能，我们引入"合成空间理论"。"合成空间理论"的基本概念如图一所示：

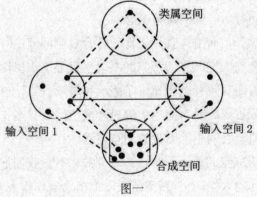

图一

参照汪少华（2002）的说明，我们以"计算机病毒"概念的形成为例来说明"合成空间理论"。在"计算机病毒"这个词语的产生中，输入空间1是生物学和医学领域，输入空间2是计算机与程序领域。两个空间之间的跨空间映射是指两者之间能建立关联的特征，对"病毒"而言包括不易察觉、传染快、损害机体健康、需要治疗等特性，对"破坏性程序"而言包括隐蔽性强、自我复制、删除文件、需要采取对策等特性。两个输入空间共同具有的特性是类属空间，包括难以察觉、蔓延速度快、需要采取应对措施等。合成空间是一种层创结构，即对两个输入空间进行组合、完善、扩展等操作后产生的一个复合结构。所谓组合是将两个输入空间的某些特性相加，如传染快、损害机体健康、需要治疗加上自我复制、删除文件等；完善是调动认知文化背景知识来完善结构，如传染、感染、免疫等新概念介入合成空间的理解过程；扩展是进行拓展运演，对合成空间中的概念进一步思考，由此产生社会病毒、心理病毒等概念。

　　和"隐喻""转喻"理论相比，"合成空间理论"的长处在于：一，两个输入空间之间跨空间映射不仅限于相似性映射或相关性映射，因而其解释范围超过了隐喻和转喻；二，这是对人类思维在线处理过程的真实描述，通过合成空间及其运作方式，细腻地描写了概念之间相互影响的动态过程。

　　在用"合成空间理论"解释命名性辞格时，我们把旧型所表示的概念看作输入空间1，新型所表示的概念看作输入空间2，命名性辞格使用的就是在两个输入空间基础上形成的合成空间中的新概念。

但是，命名性辞格的概念空间合成过程与一般的空间合成有很大差异，主要表现在：

第一，一般的空间合成中，两个输入空间之间主要包括象似性关系、空间关系、时间关系、整体—部分关系等几种映射关系，它们都属于两个概念之间本来就具有的显著的语义联系，在此基础上形成的类属空间也是语义性质的。而命名性辞格旧型和新型所表达的两个输入空间之间，其实并没有显著的语义联系，因而并不存在概念间的映射关系。旧型和新型间的联系来自于语形上的共同点，其共同具有的类属空间是语形性质的。为了区别用圆形描写的概念性的类属空间，我们用三角形来描写语形性质的类属空间，见图二。

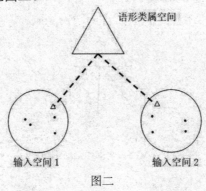

图二

第二，对于一般空间合成来说，跨空间映射关系是先在的，类属空间是后定的，类属空间由跨空间映射关系决定，两者之间是一种提取关系，即从跨空间映射中概括出类属空间的共同特征或结构。而对于命名性辞格来说，类属空间是先在的，跨空间映射关系是后定的，跨空间映射关系由类属空间的语形象似性推导出来，两者之间是一种象似性推论关系，即我们在解读语言符号时，总是倾向于认为语形相似的成分在语义上具有相关之处（徐默凡，2010）。由于一般空间合成的跨空间映射是先在的，植根于人们的常识（事物之间共同的结构、框架、图式等），所以两个输入空间的联系比较紧密而且比较确定。而命名性辞格的跨空间映射是在语言使用过程中推理出来的，两个输入空间的联系就比较隐蔽、松散而且比较随机。"合成空间理论"用直线来表示跨空间映射，为了显示命名性辞格跨空间映射的松散性，我们用波浪线以示区别，见图三。

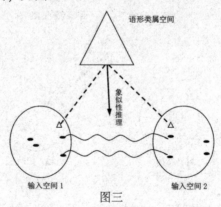

图三

第三，一般空间合成的层创结构类型比较复杂，其组织框架可能来自于某个输入空间，也可能同时接纳两个输入空间的组织框架进行整合，其填充成分也是如此。但是命名性辞格的层创结构就比较单一，主要是输入空间2提供组织框架和主要填充成分，而输入空间1只是对相应的组织框架和填充成分进行润饰。这是由于命名性辞格的主要功能在于命名，新型所在的输入空间2担负了这一主要功能，而旧型所在的输入空间1只是提供了一个语言形式，并通过象似性推理把自己的一些特点附加上去而已。因此输入空间1整合进合成空间的往往不是概念意义，而是情感色彩、形象色彩、文化色彩等边缘意义。我们用实线的箭头表示输入空间2对合成空间的建构作用，用虚线的箭头来表示输入空间1对合成空间的润饰作用，见图四。

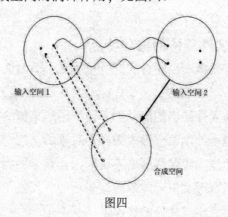

输入空间1

输入空间2

合成空间

图四

　　通过对"合成空间理论"的调整，命名性辞格的概念形成过程整合为图五。

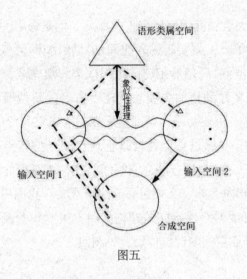

图五

## 三、命名性辞格的修辞特点

命名性辞格概念空间合成的特点决定了命名性辞格相应的修辞效果。

首先，命名性辞格的启动力来自于语形相似的类属空间，这就决定了这是一种以语言形式为操作对象的文字游戏，其基本功能就是游戏功能。命名性辞格不是因为认知需要而产生的概念整合，而是对语言形式把玩雕琢的娱乐活动，反映了语言使用者巧妙利用语言形式相似之处的机趣。

具体分析游戏功能的产生过程，还可以分出两种情况，一种是新型和旧型恰好契合，两者同时出现而形成概念整合。另一种是为了表现新型的意义，故意去寻找合适的旧型，从而形成概念整合。如粉丝团体的命名，初始可能是第一种情况，而后来的种种肯定是刻意追寻的结果。相较而言，第二种情况的游戏功能更加突出。

由于命名性辞格的游戏功能迎合了网络语言使用中追求乐趣的心态，所以就大量出现在网络流行语中，不仅限于前述粉丝团体的命名，而且在网络上处处开花，如：

（5）这是一个"剩女"的时代，在我的身边已经有越来越多的女孩子找不到男朋友。其中有一位很优秀的女孩子我就亲眼目睹着她一步步由"剩斗士""必剩客""斗战剩佛"，走到今天的"齐天大剩"。

"剩斗士"的旧型是"圣斗士"，是日本动漫作品《圣斗士星矢》中的战士形象。"必剩客"的旧型是"必胜客"，全球比萨专卖连锁企业。"斗战剩佛"的旧型是"斗战胜佛"，"齐天大剩"的旧型是"齐天大圣"，都是指《西游记》中的孙悟空。

（6）在"豆你玩""蒜你狠""糖高宗"之后，豆制品也开始加入其列。

"豆你玩"指豆类涨价，"蒜你狠"指大蒜涨价，"糖高宗"指白糖涨价，与此类似的还有"姜你军"（生姜涨价）、"棉花掌"（棉花涨价）、"苹什么"（苹果涨价）、"油不得"（油涨价）等等。

（7）这年头，没个围脖，还真不好意思跟人打招呼。

"围脖"是"微博"的旧型，在例（7）中直接使用了旧型，必须建立在新旧型之间的关联已经被大众接受的前提下。

正统的媒体也"不甘示弱"，相应的命名性辞格现象随处可见，如：

（8）在公务员考生中，活跃着大批的考霸、面霸，他们且战且败，且败且战，无敌的"面霸"成就了无敌的"面经"。（《国考面试实用技巧：怎样快速成为"面霸"？》，《广州日报》2009年1月21日）

（9）人们戏称全国高校中以北大、清华为首的两大招生联盟"北约""华约"已正式诞生，开始抢夺优秀生源。（《"北约""华约"两大联盟抢生源》，《济南时报》2010年11月22日）

其次，命名性辞格以输入空间2提供组织框架和主要填充成分，这就决定了命名性辞格的命名功能是首要的，修辞功能则来源于两个空间之间的象似性推理，由输入空间1向合成空间压缩进一些附加意义，由此产生的修辞效果只能是文字游戏外的一种点缀。具体说来，旧型添加的意义若和新型的意义存在某种相反相悖之处，则易产生"反讽"效果，如用"圣女"来指代"剩女"，圣女的神圣追求就和剩女的世俗观念对立，产生了讽刺性。旧型的意义若和新型的意义存在相辅相成之处，则易产生"映衬"效果，如"钢丝"指郭德纲的粉丝，钢丝坚硬的特性映衬出郭德纲嘴硬的特点。

最后，命名性辞格的跨空间映射是通过使用中的象似性推理强制获得的，这就造成了修辞效果的偶发性和语境性，需要使用者加入一定的心智努力，在特定的环境中创造性地激活。如用"玉米"指代李宇春的歌迷，"玉米"这个旧型（输入空间1）究竟贡献了怎样的特性进入合成空间是见仁见智的。可以推测到的如："玉米"颗粒的整齐排列压缩到歌迷拥簇成群的形象上；玉米鲜艳的颜色、饱满的形状压缩到歌迷的靓丽外表、饱满情绪上；玉米的颗粒众多被压缩到歌迷的人数众多上；人们对玉米的喜爱感情被压缩到歌迷身上；玉米作为常见粮食作物的普及性被压缩到歌迷身上……

### 四、命名性辞格的语言表现

命名性辞格在使用时，理论上有三种语言表现形式，即仅出现旧型、仅出现新型和同时出现旧型和新型。

仅出现新型的情况较少见，因为在当下语境中新型意义是通畅的，理解者往往不会激活旧型，而如果不激活旧型就可以看作是新造词，也不算命名性辞格了。如：

（10）听说今晚李宇春要抵达郑州，河南的"宇迷"们就联合租了三辆大巴赶往机场，从机场接人大厅大门口站成两排，一直排到安全出口处，等待宇春的到来。（河南视窗，2006年10月16日）

此例中"宇迷"如果没有让人联想到"玉米"，就不会产生修辞作用。

只有在旧型十分敏感，很容易被激活，或者旧型和新型已经约定俗成地捆绑在一起的时候，才能只出现新型而不出现旧型且同时产生修辞效果，如上例（5）中的"必剩客"和"齐天大剩"。

仅出现旧型的情况就比较常见，因为旧型在当下语境中是解释不通的，理解者必须付出足够的心智努力来解读，因此可以顺利激活新型。如：

（11）虽然进的是电影院，不过看的却不是电影，这回天津"玉米"们齐聚一堂，观看今年3月在南京举办的李宇春演唱会。（天津网，2010年10月7日）

此例中作为农作物的"玉米"是讲不通的，读者必然会激活"宇迷"这个新型帮助理解。

更常见的情况是同时出现旧型和新型，此时的字面提示使两个输入空间的激活最为顺畅，如：

（12）"超级女声"成都赛区总决赛那晚，让人瞠目的20多万条短信投票把李宇春的人气飙到最高点。她的中性气质帅气十足，她的中低声线磁性中难掩妩媚，她的舞台小动作干脆利落……她的独特之处"玉米"(宇迷)还可以告诉你更多。（新华网，2006年4月12日）

"玉米"和"宇迷"同现，迫使读者进行两者间的联想和推理。

以上三种情况，命名性辞格的使用往往必须添加标记，最常见的是引号，以提示阅读者投入更多的认知努力，以激活旧型和新型间的联系。

　　总的说来，三种语言形式的选择主要取决于旧型和新型的关联紧密度，若两者的联系比较紧密，思维能顺利在旧型和新型之间转换，则可以单用旧型或新型，否则新型和旧型就得共现。而新型和旧型的关联紧密度往往取决于跨空间映射的丰富性与恒常性，也就是说两者的意义关联越多，新型和旧型的联系就越紧密，使用时的限制就越少。那些和旧型联系最紧密的新型，在长时间高频率的使用后就有可能成为一个新词语，在语言中凝固下来。反之，若新型和旧型的联系太松散，甚至很难激活跨空间映射，那么即使旧型和新型同现，也不容易建构两者之间的跨空间映射，这时就需要在语篇中具体说明了，如：

　　（13）农民工王旭和刘刚将翻唱《春天里》的视频上传到网上，一些喜欢民工版《春天里》的粉丝自称"钢镚儿"，建QQ群，开微博。他们说，钢镚儿蕴含着草根儿的味道，同时有坚强、乐观、朴实的意味；钢（刚）镚儿需要储蓄（旭），积少成多才能成事，意在提醒全社会关注低收入者，关注农民工兄弟。（《粗糙翻唱视频，何以让人泪流满面？——记歌曲视频〈春天里〉的两位农民工歌手》，《新民晚报》2010年11月14日）

　　上例中的画线部分就是借助语篇的具体描写帮助读者建立新旧型之间的关联。

# 第二节　从词项反语到关系反语

网络语言中有一种特殊的转折用法，如：

（1）虽然你脸大，但是你胸小啊！

（2）虽然我下班晚，但是我上班早啊！

（3）虽然你智商低，但是你颜值也低啊！

（4）虽然你挣得少，但是你花得多啊！

这些例子都给人一种奇怪的感觉，这里的转折关系应该都有问题，但是这样不合语感的句子在网络语言中却非常流行，不能简单地看作病句，那么它们究竟表达了什么特殊含义呢？这种含义又是通过什么修辞机制实现的呢？

## 一、转折关系的两种类型

### 1.情理转折和评价转折

要解释上述网络流行语现象，先要从转折复句的逻辑关系说起。

汉语中存在大量复句，通过使用特定的关联词表达了各种类型的逻辑关系，细辨这些逻辑关系是复句研究的热点和焦点。在以"虽然A，但是B"为代表的转折关系中，"虽然"表示让步，也预示了A已经既成事实，"但是"表示转折，即B违背了说话人的主观预期，如：

（5）虽然下雨，但是我们还是去春游了。

例 (5) 暗含说话人的一个预期"下雨就不应该去春游",但是现在下雨了还是去春游了,违背了这一预期,所以使用了转折关系。

转折关系这种违反说话人主观预期的逻辑关系,王维贤(1982、1991) 和邢福义 (1992) 等早有定论,不必赘述。但是,在实际使用中,我们发现了一些例句并不能用所谓"违背说话人的主观预期"来解释,如:

(6) 虽然他中了大奖,但是接着就生了一场大病。

例 (6) 中说话人并没有"中了大奖就不会生大病"的主观预期,因此也谈不上违反预期,这里的转折主要是A、B两个事件的价值评判发生了逆转。"中大奖"是一件有利的好事,"生大病"是一件不利的坏事,两者之间没有情理联系,但是存在相反的利害关系,一前一后就发生了价值评判的逆转。

这样一来,我们就可以把转折关系分为两种类型:一种是伴随主观预期而产生的情理性转折,即说话人对两个事件之间的情理联系有主观认识上的预期,转折就是这种预期没有实现,被违背了,可以称为"情理转折";另一种是伴随利害关系而产生的评价性转折,此时说话人对两个事件之间的情理联系没有主观认识上的预期,只是对两个事件的利害关系有相反的价值评价,从而发生了评价的逆转,可以称为"评价转折"。

在实际表达中,说话人对事件利害关系的价值评价,可以粗略地分为"正面评价"和"负面评价",那么A、B两个事件被同时提及，"评价转折"就有两种可能性：A正面+B负面、A负面+B正面，如：

（6）虽然他中了大奖，但是接着就生了一场大病。

（7）虽然他生了一场大病，但是接着就中了大奖。

上面的例（6）是"A正面+B负面"的评价转折，A、B互换位置变成例（7）以后，就成了"A负面+B正面"的评价转折。

### 2. 两种转折的对立

既然存在情理评价和评价转折两种转折关系，从理论上说，就会产生两种转折关系相互对立的情况。

首先是A和B存在评价上的转折，但是情理上没有转折反而是顺接的关系，如：

（8）虽然他升职了，但是却离婚了。

（9）虽然她丢了手机，但是男朋友送了她一个新的。

例（8）中，"升职"是正面评价，"离婚"是负面评价，前后句在评价上是背反的，但在情理上却不违逆，说话人并不存在"升职后不会离婚"的主观预期，把"虽然"和"但是"拿走，"他升了职，离婚了"就是顺接的两个事件而已，并无任何情理转折。例（9）也可作类似分析，"她丢了手机"和"男朋友送了她一个新的"只是前后相继的事件，并不违反情理，不过"她丢了手机"是负面评价，"男朋友送了她一个新的"是正面评价，评价转折是成立的。所以例（8）是正面评价接负面评价的评价转折句，例（9）是负面评价接正面评价的评价转折句。

其次是A和B存在情理上的转折，但是评价上没有转折反而是递进的关系，如：

（10）虽然他昨天中了奖，但是今天还是中了奖。（运气真是好哇！）

（11）虽然他昨天丢了钱包，但是今天又丢了手机。（真是倒霉呀！）

例（10）（11）的评价都没有转折，反而是递进的："昨天中奖"和"今天中奖"都是正面评价，"今天中奖"比"昨天中奖"更好了；"昨天丢钱包"和"今天丢手机"都是负面评价，"今天丢手机"比"昨天丢钱包"更坏了。但是例（10）（11）两句的情理转折是成立的，因为常识预期是"昨天中了奖今天就不会还中奖""昨天丢了钱包今天就不会还丢手机"，这种情理的转折可以通过添加"没想到"而表现出来，即"昨天中了奖没想到今天还中奖""昨天丢了钱包没想到今天还丢了手机"，所以例（10）（11）都是不符合评价转折的情理转折句。

还有一种情况，一些转折句既存在情理转折，同时也存在评价转折，两者混同在一起，如：

（12）虽然她长得凶相，但是很善良。

例（12）在情理和评价上都构成了转折：从情理的角度看，说话人的主观预期是"长得凶相的人心地不会善良"，而"长得凶相的人很善良"就构成了情理转折。从评价的角度看，"长得凶相"是一个负面评价，"很善良"是一个正面评价，两者也形成了评价上的转折。虽然两种转折都成立，但在实际使用中，根据不同语境，往往只凸显其中的一种，如：

a（一般来说，相由心生，长相往往会反映性格，不过，）虽然她长得凶相，但是很善良。

b（凡是人都有优缺点，你和她接触久了，就会发现，）虽然她长得凶相，但是很善良。

在不同语境下，a句实现的就是情理转折，b句实现的就是评价转折。

综合上述分析，结论如下：在转折关系中既有情理转折也有评价转折，两者只要实现一种就能使转折关系成立。

## 二、流行语中特殊转折关系的解读

在区分情理转折和评价转折的基础上，我们就可以来分析网络流行语中的特殊转折关系了。首先看前文所举例（1）：

（1）虽然你脸大，但是你胸小啊！

例（1）涉及的两个事项不存在主观情理预期，"脸大"和"胸小"没有逻辑关系，所以情理转折不成立，只能从评价转折的角度去理解它，但是问题在于，在网民的逻辑中，"脸大"和"胸小"都是对女性的负面评价，所以评价转折也不成立。按照一般语言使用规律，本例将被当作关联词语用错的病句而拒绝接受，但是类似的句子反复出现，并且说话人也表现出足够的交际诚意和交际能力，这就逼迫听话人不得不去接受这句话背后的逻辑关系。由于"脸大"和"胸小"之间不存在情理关系，所以只能用评价转折的方式去接受这句话，即把"胸小"当作正面评价来接受，使全句成为一种"负面评价+正面评价"的评价转折句，这时就产生了一种讽刺的意味：在"你"身上，我实在找不到什么优点，只好把"胸小"也当作优点来评价了。

通过转折关系强制改变人们对事项属性的看法，这是复句使用中的一种常见情况。邢福义（1991）明确指出："复句语义关系具有两重性，既反映客观实际，又反映主观视点，而主观视点才是第一位的起主导作用的因素。""复句格式为复句语义关系所制约，而又反过来对复句语义关系进行反制约。复句格式一旦形成，就会明确限定所标示的关系，就会直接反映格式选用者的主观视点，而所反映的主观视点既可以和客观实际重合，也可以跟客观实际不完全等同。"虽然上述论点是用来说明常规复句理解的，但是网络流行语内在的使用原理也是与此一致的。

让我们再来分析一下前文例（2）：

（2）虽然我下班晚，但是我上班早啊！

例（2）的情况要复杂一点，首先"下班晚"和"上班早"都涉及上班时间，因此是存在情理关系的。在一般人的心目中都有一个生活常识：《劳动法》规定每天工作8小时，上班时间是固定的，由此带来的预期是：下班晚的话上班也应该晚，而在例（2）中"我下班晚"的同时"上班也早"是违反这一主观预期的，貌似就此可以构成情理转折句了，但是这句话听上去仍然不太正常，原因在哪里呢？原来，类似句子通常是在讨论工作条件的优劣时使用的，这种语境决定了交际者并不关心上下班时间的情理关系，而是关心该工作条件的利弊评价，因此我们不是在情理转折而是在评价转折的意义上说出并理解这个句子的。然而，这句话的评价转折并不成立，对于一般人而言"下班越早越好，上班越晚越好"，因此"下班晚"和"上班早"都是明显的负面评价，无法形成评价转折。但是现在例（2）被一本正经地说了出来，就强迫听话人接受它为正常的句子，为了使它的评价转折成立，听话人不得不改变"上班早"这一事件的评判价值，使之成为对听话人有利的正面评价。这样一来，把"上班早"当作正面评价，就和例（1）把"胸小"当作正面评价一样，也产生了讽刺的意味。

　　此外，例（2）和例（1）还有不同的地方：由于例（2）的A、B两部分是关联的，例（2）又通过评价转折把"上班早"强制变成了一个正面事件，那听话人就不得不改变对工作时间的常识理解：从"工作时间固定"变为"工作时间被任意延长"，而且"上班早下班晚"还成了一种值得夸耀的好事。由于常识表现的是对日常生活的基本态度，例（2）由此就产生了强烈的嘲讽意味：说话人每天就生活在这样一个上班时间早下班时间晚的恶劣环境中，而且还得在评价的语气上维护它的正面价值，把"上班早"当作是有利的工作条件来接受。这种改变了常识的用法其讽

刺意味就要比例 (1) 单纯地改变对象的评价色彩来得更深入了。

所以，我们可以把这些特殊的转折关系流行语分为两种类型，一种是A、B之间没有关联，不存在常识预期，仅仅通过评价转折把原本是负面的B强制变成了正面评价，由此产生了一些调侃搞笑的意味；另一种A、B之间存在关联，因此评价转折不仅把原本是负面的B强制变成了正面评价，而且改变了A、B之间原有的常识理解，产生了更为深入的讽刺意味。

第一种类型的例子除例 (1) 外，再如篇首的例 (3)：

（3）虽然你智商低，但是你颜值也低啊！

此例中"智商低"和"颜值低"没有关联，评价转折本不成立，仅仅是为了搞笑而把"颜值低"处理为正面评价。

第二种类型的例子除例 (2) 外，再如篇首的例 (4)：

（4）虽然你挣得少，但是你花得多啊！

此例中"挣得少"和"花得多"是有关联的，本来的常识预期是"挣得少的人应该花得少"，但是此句通过评价转折把"花得多"处理为正面评价，并且改变常识为"挣得少的人花得多"，明明这是一种很不好的生活态度，却作为常态存在，还要当作好事来接受，讽刺的意味就此加深了。

## 三、转折的关系反语

### 1. 关系反语的界定

根据上述分析，关联词语所决定的转折意义是恒定不变的，不会因为个别的A和B的命题意义而发生变化，反而会把一种逻辑关系或者价值评判强制添加到A、B之上，也就是说关联词语对进入复句的相关成分具有关系建构的作用。然而，真实的理解过程似乎没有这么简单，当我们考察这些句子在网络语境中的用法时就会发现，A、B都是非常典型的负面评价，说话人虽然用了评价转折把B处理为正面价值，但是并不足以彻底改变人们的一般常识，而且在后续语句中往往还是会把A、B都归为负面评价，如：

（13）虽然我下班晚，但是我上班早啊！我真是个可怜的人哪！

后续句"我真是个可怜的人哪！"表明此时的"上班早"仍然是负面评价，而且隐隐是比"下班晚"更糟糕的负面评价。

所以，恐怕关联词语"虽然……但是"在这里也不是一种正常的用法，它的转折意义也受到A、B本身评价色彩的反制约，改变了原来的功能。考察（1）—（4）这些例子，可以发现A、B都是非常典型的负面评价，而且B往往比A更糟糕。如果A、B都是负面评价，而且B的负面程度更甚于A，那么比较适合的复句关系是递进关系，因此上述例（1）—（4）实际想表达的意思是：

（14）你不但脸大，而且胸小！

（15）我不但下班晚，而且上班早！

（16）你不但智商低，而且颜值也低！

（17）你不但挣得少，而且花得多！

把"虽然……但是"替换为"不但……而且"后，在语境中实际要表达的逻辑关系基本没有变。这也就是说，在例（1）—（4）中，"虽然……但是"在某种程度上等于"不但……而且"，"虽然……但是"的语法意义由转折临时变为了递进。那么，这种关系意义的临时转变是如何发生的呢？

我们认为，包含A、B两个事件的递进和转折构成了一种逻辑关系上的"反义对"：递进关系是由负面的A变成更负面的B，转折关系则是由负面的A变成正面的B，从变化方向上看两者是截然对立的。在特殊语境中，用一个语言单位来表达和该单位原有意义相反的临时含义，这种现象并不罕见，在修辞格中就是"反语"。那么这样看来，用转折关联词来表示与原有的转折意义相反的递进意义，也是一种"反语"，只不过原来修辞学研究的"反语"反用的是词项，而我们这里讨论的"反语"，反用的是复句关系，不妨称为"关系反语"。

也就是说，网络流行语中例（1）—（4）这样的"关系反语"的用法是：一方面在字面意义理解时，会因为关联词语的强制约束力而使B变为正面评价，甚至改变A、B背后存在的常识预期，从而产生一种荒诞的滑稽感；另一方面A、B本身的强大负面色彩也会影响关联词语的逻辑意义，使之成为一种临时性的反语用法，从而产生讽刺调侃的意味。这两种理解同时并存，造成了相关现象的修辞效果。

### 2. 关系反语的语境制约

"关系反语"是一种临时性的修辞现象，用"虽然……但是"这种转折关联词来表示递进的含义，受到很多的语境制约，比如：

（a）A、B都是非常典型的负面评价，而且B一般比A更糟糕。

如果A、B的负面评价不典型，就无法用A、B之间语义的递进关系来强制替换"虽然……但是"字面上的转折关系，关系反语的理解就不能达成。

（b）A、B涉及的对象通常是第一人称或者第二人称。

这显示了关系反语用法的强烈互动性。关系反语依赖于评价转折而产生，不用于客观描述，主要进行一种价值评判，要么是对说话人自己进行调侃，要么是对听话人进行嘲讽。

（c）关联词"虽然……但是"一般成对出现。

"虽然……但是"成对出现使转折关系强化，而且在前句就激发了转折的语势，当听话人对A、B全面理解后，才发现转折关系的理解扑空了，只能转而去解释为递进关系，这就使理解上的反差更加强烈。

（d）B句句末往往带有语气词"啊"。

语气词"啊"也是情感互动性的表现，弱化了嘲讽的强度，带上了一些调皮的色彩。

综上，转折关联词"虽然……但是"在关系反语的用法中表示"负面递进意义",只是一种受到强烈语境制约的临时性修辞意义,而并非语法意义的改变。

### 3. 关系反语的修辞效果

"虽然……但是"关系反语用法的修辞效果来自于上述语言特征。

首先,是来自语言游戏的戏谑效果。在受话者理解A时因为"虽然"的语势,已经准备好接受"但是"的转折,然而B则出人意料地走向了相反的"递进",这种超常用法是发话者发起的一种语言游戏,由此带来一种戏谑的效果。这也是超常使用语言的语言游戏共有的一种修辞效果。游戏性是网络语言的典型特征,关系反语也不例外。

其次,是来自反语的讽刺效果。传统的反语辞格有两种表现形式,正话反说和反话正说,如:

(18)几个女人很失望,也有些伤心,各人在心里骂着自己的狠心贼。(孙犁《荷花淀》)

(19)中国军人的屠戮妇婴的伟绩,八国联军的惩创学生的武功,不幸全被这几缕血痕抹杀了。(鲁迅《记念刘和珍君》)

上两例中加点的词语都是反语,但两者的表达效果是不同的:例(18)中正话反说的真正意图是褒赞,反说是为了增加情趣或者幽默效果;而例(19)中反话正说的真正意图是贬斥,正说额外增加了讽刺效果。

从关系反语来看，将应该是"负面事件+负面事件"的递进关系变成"负面事件+正面事件"的转折关系，类似于反话正说，其修辞效果也同样是增加了讽刺意味。具体说来，所涉及事件是第二人称时，是调侃；所涉及事件是第一人称时，是自嘲。如：

（20）虽然你矮，但是你胖啊！

（21）虽然你加班多，但是你工资低啊！

（22）虽然我们放假晚，但是我们开学早啊！

（23）虽然我收入低，但是我工作累啊！

从理论上说，"关系反语"也应该存在"正话反说"的情况，即"正面事件+正面事件"的递进关系表现为"正面事件+反面事件"的转折关系，如：

（24）*你虽然长得美，但是你长得高啊。

（25）*我们虽然工资高，但是不加班啊。

可是，转折关系中"正话反说"并不成立。其实，在词项反语中的"正话反说"也是少见的，因为"正话反说"表现的也是风趣幽默的效果，和"反语"这种破坏语言规范的用法本身就具有的戏谑效果是叠加的。"正话反说"缺少了"反话正说"的讽刺力量，就很容易沦为一种单纯的语言游戏，所以并不多见。而且在"关系反语"里，反用的不是明显的词项意义，而是一种分句间的关系意义，本来就比较隐蔽，如果没有额外的讽刺效果支撑，就没有必要大费周折进行这种语言游戏了。语言解读的成本太高，却得不到足够的解读效果的回报，这也是违反语用中的关联原则的。

最后，是对讽刺效果的削弱。凭借语感，我们会发现这些"关系反语"的例子和"词项反语"相比其讽刺意味并不十分强烈。这里有三个原因削弱了关系反语的讽刺强度：第一，这是网络语言中的一种语言游戏，并不是用在正式的、严肃的语体中，游戏背后的心态是轻松的，这就削弱了讽刺的强度。第二，如上所述，"关系反语"的"反"要比"词语反语"的"反"隐蔽而间接，"正""反"的对立性不强也会削弱讽刺强度。第三，感叹词"啊"的使用也带来一种夸张、搞笑的情绪氛围，削弱了讽刺强度。所以，"关系反语"表现的更多是一种谐谑性质的调侃，而不是义愤填膺、沉郁深刻的讽刺。

综上，"关系反语"更多是一种网络语境下的语言游戏，其修辞效果表达了一种谐谑性质的讽刺。

## 四、其他关系反语

除了使用"虽然……但是"这种转折关联词语的关系反语，有些使用其他标记的转折句也会有类似的用法，如：

（26）当你拿起镜子，看着自己，你以为自己是多余的，其实吧，你还真是多余的。

例（26）中，"自己是多余的"是负面评价，"其实"是转折标记，使人期待出现正面评价，但是接着出现的却是"真是多余的"，是一个更加负面的评价，这就构成了具有讽刺效果的关系反语。

此外，转折之外的其他复句关系也可以产生"关系反语"的用法。

### 1. 让步关系——负面递进关系

让步关系和转折关系类似，也具有转折的意味，只不过转折关系的前句陈述的是已然的事件，而让步关系陈述的是虚拟的事件，如：

（27）虽然下雨了，但是他们还是去春游了。

（28）即使下雨，他们也要去春游。

因此，用转折关系来表示负面递进的"关系反语"也适用于让步关系，也即用让步关系来表示负面递进关系，如：

（29）就算失败99次，我也要努力凑个整。

（30）即使全世界都讨厌你，我也比全世界更讨厌你。

例（29）中，"失败99次"后，按照先让步后转折的语势，听者期待的是"绝不放弃（直至成功）"，但实际表达的却是"努力凑个整（失败100次）"。例（30）也可如此分析。

### 2. 选择关系——指定关系

复句中的选择关系可以表示两者择一或者多者择一的逻辑关系，常见的关联词是"要么……要么……""或者……或者""是……还是"，但是有些网络语言中的选择问用法却是反常的，如：

（31）我是去向老婆大人求饶呢？还是去向老婆大人求饶呢？还是去向老婆大人求饶呢？

（32）我是先做作业好呢？还是先做作业好呢？

"是……还是"本来的语法意义是提供多项选择，让被问者选择其一，但是在以上例句中，供被问者选择的内容是完全一样的，也就是说无论选哪个都是事先指定的答案，有选择等于没选择，这样一来选择关系就由于选择内容的唯一性而变成了指定关系。在逻辑意义上，"选择关系"和"指定关系"正好是相反的，因此也构成了一种"关系反语"用法。

这种选择问的反语修辞效果和转折"关系反语"大体是一致的，即由语言游戏带来的谐谑和反语用法带来的嘲讽。此外，此类选择性"关系反语"大多数是自己问自己，而且涉及的事项绝大多数是说话人不愿意去从事的事项，由选择到限定的反语用法就带来了一种无可奈何、不得不如此的情绪效应，这是选择性"关系反语"特有的修辞效果。

类似的例子还有：

（33）按照父母的意思，现在我有两个选择，一是放弃他和他分手，二是和他分手放弃他。

（34）很多年里，春节选择题只有三个选项：A. 回家、B. 回家、C. 回家。

这两例不是选择问，也没有使用选择关系的关联词，但通过词语意义表现了选择关系。表达效果是一样的——字面上是可选的，但是实际上又无从选择，可算是选择性"关系反语"的变体类型。

### 3. 因果关系——因果同一关系

因果关系表示由特定的原因导致特定的结果，但是在特殊用法中可以表示不讲理由，没有原因，两者由此构成了关系反语，如：

（35）因为你傻所以你傻啊！

（36）因为我长得帅，所以我长得帅啊！

上两例中表示原因的A项和表示结果的B项是重合的，因此抵消了"因为……所以"由因致果的关系意义，变成了因即是果果即是因的无理狡辩，由此产生了讽刺和调侃的意味。

有一首香港流行歌曲名字叫《因为爱所以爱》，也是这种因果关系反语的用法。

"关系反语"用法是传统词项反语的进一步发展，也是在网络语境下，网民智慧的最新创造，产生了一定的特殊修辞效果，具有了一定的流行度。它是否能固定下来，并进一步地进入我们的日常语言，成为一种新的修辞格，还有待进一步的观察和确认。

# 第三节　形貌修辞

## 一、网络形貌修辞界定

### 1.网络语体的传介方式

在传介方式上，网络语体和口语体有很大的差异。口语体是同时同地的，可以利用的传介方式有：

①听觉性的口语符号

②视觉性的表情和体态语

③听觉性的副语言[1]

在口语交际中，表情和体态的交际功能有时要大于语言符号的意义表达，这已被许多社会语言学家所证明。而到了网络交际中，传介环境是同时异地的，这就使口语体中很多利用空间现场性才能展开的交际手段都无法使用：表情和体态语当然无法观察到，副语言也失去了依附的语音载体而完全无法使用，因此网络语体可以利用的传介方式主要是"视觉性的文字符号"。

显然，单一的文字符号不能完全替代表情、体态语、副语言等因素的表达作用，网络语言必须发展出一些相应的补偿手段。我们在第二章中详细介绍了一系列网络语体的示情手段，很好地完成了情绪交流的任务，就是一种有效的补充。此外，作为一种

---

[1] 所谓副语言，是指通过语音本身的物理性质，如声音的高低、强弱，节奏的快慢变化等，来传递情绪类信息的语言手段。副语言必须依附于口语语音符号而存在，也是口语交际中非常重要的一种语言外交际手段。

视觉符号为主的交流方式，网络语体其实也提供了一种新的信息载体，即视觉符号的形体本身。就像语音可以用作副语言传递信息一样，文字形体和排版格式也可以用作一种新型的传信手段，充分利用以传达丰富的信息，我们称之为"形貌修辞"。

### 2. 形貌修辞的定义

对视觉符号形体的开发利用，在书面语体中早已存在。陈望道（1979）在《修辞学发凡》"语言与文字的关系"一节中指出："大抵用声音代形体，或用形体代声音，都有相当的可能。不过声音是听觉的标记，形体是视觉的标记，所诉的感官不同，功用自然也有不能交替的所在。诉之听觉的有时不如语言。……而诉之视觉的，却又有时不如文字。例如文字上，可以用各式的提行、空格、空行，各种的行式，各种的书体，各种的墨色，各种大小不同的铅字，各种的地位方向，来表示意义的变化，语言上却又觉得不能完全做到。"在具体分析语言现象时，陈望道把这种基于视觉符号形体的修辞看作积极修辞，在辞格中主要分析了"析字"格；在辞趣中则归入"辞的形貌"一节，除了古代使用的汉字"联边"修辞外，主要分析了"变动字形"和"插用图符"这两种手段。

根据陈望道（1979），我们把网络语言中借助视觉符号的形状和排版来表达特殊修辞意义的现象叫作"形貌修辞"。之所以界定为"视觉符号"而不是局限于"文字符号"，是因为网络语言中构成特殊形貌的符号类型相当多，举凡文字符、制表符、标点符号、特殊符号等都可以参与设计，形成特殊的形貌。

### 3.形貌修辞的分类

总体说来，视觉符号提供的形貌能指大致可以分为符号形貌、句段形貌和语篇形貌三类。据此，符号形貌修辞是基于单个符号的形貌修辞，单个符号包括汉字、英文字符、常见符号等。句段形貌修辞是基于符号组合形式的形貌修辞，句段包括短语、句子等。语篇形貌修辞是基于语篇排版形式的形貌修辞。语篇可以是完整的篇章，也可以是语段，至少包含两个以上的句子。

## 二、符号形貌修辞

本节介绍基于单个符号的符号形貌修辞，包括字形拆分、字形表义和字符象形三种。

### 1.字形拆分

在网络新词研究中，不少学者都提出了利用拆分汉字来造词的新造词法，如惠天罡（2006）提出了"拆字"，张云辉（2007）提出了"析字"，施春宏（2010）则称为"析字词"，都认为"由于追求新奇的心理，网民们对原有汉语字或词汇进行以讹传讹式的改造"，由此产生了新词。我们认为这不是新词，因为它没有创造新的能指或是所指，只是对能指的呈现方式进行了改造，确实富有网络交际的特色，也是由于"视觉符号"的语体变量促动的，但不适宜归入网络新词语，而是归入"形貌修辞"比较合理。

网络语体中对汉字字形的拆分改造多种多样，丰富多彩，具体可以分为拆字、省字和字谜三类。拆字就是把一个合体字拆解成几个单体字，如"谢谢"写作"言身寸言身寸"，"顶"写作"丁页"。省字就是把一个合体字部分部件省略变成省型字，如"尴尬"写作"监介"，"赤裸裸"写作"赤果果"。字谜就是把一个合体字拆开后略加增删制作一个字谜，如"竹本一郎"指"笨蛋"，"竹本"是拆了"笨"字，"一郎"是为了凑人名而增加的成分；再如"自大了一点"解作"臭"，也是一个较早就产生的字谜。

使用"字形拆分"的修辞方式有三个动因：第一个是避讳，有些词语的意义含有负面感情色彩，甚至是脏话，于是就把相应的汉字拆开以示含蓄；第二个是利用象似性原理增加字形面积，从而增强语势；第三个当然也不乏对趣味性的追求。

所有"字形拆分"现象都可以在以上三方面动因中获得解释。比如"强"拆作"弓虽"主要就是为了增强语义，似乎"强"的字形扩张了，"强"的程度也加强了，这个动因也同时产生了"超强"的拆字——"走召弓虽"。再如"谢谢"拆作"言身寸言身寸"也是为了增强语义，用"谢谢"的字形扩张来表示感谢的程度增加。"骚"拆作"马叉虫"则主要是为了避讳，"骚"是用来骂人的，拆作"马叉虫"冲淡了骂人的意味。"尴尬"写作"监介"、"赤裸裸"写作"赤果果"则多半是为了趣味性，讽刺了那些不认字只会读半边的白字先生。而"竹本一郎"指"笨蛋"和"自大了一点"指"臭"则是既有避讳的作用，又有增加趣味的作用。

### 2. 字形表义

"字形表义"即不管汉字的意义如何，只通过汉字的形体特征来表义。比如很多古汉字本身有特殊含义，但是网络语体中放弃其固有含义，仅通过汉字的图形来表义，比如"囧"本义指"光明"，是一个现代已经不常见的古汉字，而现在根据其字形像一张眼角下垂、张大嘴巴的人脸，来表示"愁眉苦脸，郁闷无奈"的含义。

"字形表义"的理解机制主要是象形和会意。象形即根据字形本身的形状来描摹现实生活中的特定形体，从而表达特殊含义，常见的有：

囧:原指"光明"。字形像一张眼角下垂张大嘴巴的人脸，在网络语体中表示"愁眉苦脸，郁闷无奈"。

圙:"国"的异体字，由"囧"的新生字义延伸而表示歪嘴的"囧"。

会意即把复合汉字的部件进行意义组合，从而表达一个全新的含义，如：

烎:原指"光明"。现在根据字形表示"开火"的意思,在网络游戏中意义引申为"遇强则强,斗志昂扬,热血沸腾"等含义。

犇:"奔"字的古体字,原义是"急走"。在网络语言中,用会意的方法被复活,表示"很牛"的意思,如"犇人"就是很牛的人。

槑:古代同"梅"字。这个字由两个"呆"组成,于是在网络语言里被用来形容人很傻很呆。

兲:古代同"天"字。网络语言中拆分为"王八",用来骂人。

囦:原义为"围起来的草场",网络语言中根据字形直接解释为"四面八方"。

### 3.字符象形

"字符象形"是利用非汉字的字符形状来表达与之相似或相关的特殊含义。常见的是利用英文字母的形状来表义,比如:

很S:字母S象形"弯弯曲曲",表示说话做事拐弯抹角。

X型人才:字母X象形"交叉",表示具有交叉学科知识的人才。

也有利用其他特殊字符来表义的,比如:

/青年(斜杠青年):/是一个分隔符,可以用来表示一个人的不同身份,如:莱尼·普拉特,律师/演员/制片人。/青年(斜杠青年)用来指拥有多重职业和身份的优秀青年。

×:×是一个"叉号",用来表示删除,在教师批改时表示

"错误"。在网络语言中引申为"不能说的东西",往往和脏话有关。

### 4. 综合运用

以上几种符号形貌修辞还可以合并使用。比如"Orz",这个看似英文单词的字母组合并不是一个英文单词,而是一种象形符号,表现一个人面向左方、俯跪在地,O代表这个人的头、r代表手以及身体,z代表的是脚。"Orz"首先在日文中使用,其意义是"失意体前屈",以表现失意或沮丧的心情。网民受到"Orz"的启发,用"囧"替换掉了"O",写作"囧rz",这样的组合更加体现了失意窘迫的情绪。

另外,21世纪初流行过的"火星文",也是形貌修辞的综合运用。火星文指地球人看不懂的文字,由符号、繁体字、日文、韩文、冷僻字或汉字部件等非正规化符号组合而成,如:

爱是什么:爱4.イ+嘛

上帝的仇人:上谛啲仇魜

我不懂爱:Wǒ鈈懂LoVe

跟着感觉走:哏着鱻觉走

很多输入法程序还开发了火星文输入法,可以直接用拼音输入火星文。不过,这种火星文的修辞意味已经很淡了,主要是一种语言游戏,不会成为网络语言的主流现象。

### 三、句段形貌修辞

句段形貌修辞是在短语和句子层面上操作的形貌修辞，我们挑选"网络撇语"和"重叠象形"这两种修辞现象进行介绍。

#### 1. 网络撇语

张弓（1963）首先发现了"撇语"辞格，指"先把容易和主体混淆的事情或跟主体相似的现象用否定语撇开，然后揭出主体的本质，这样就使主体特别明朗豁亮，并使听众读者对所表现的事物有深刻的认识有准确的理解"。他还把撇语分为两类，一类是核实的撇语，如：

（1）革命不是请客吃饭，不是做文章，不是绘画绣花，不能那样雅致，那样从容不迫、文质彬彬，那样温良恭俭让。革命是暴动，是一个阶级推翻一个阶级的暴烈的行动。

另一类是委婉的撇语，如：

（2）东山上升起红太阳，那不是太阳是毛主席的光芒，毛主席就是红太阳。

两类撇语有不同的语体环境和不同的作用，说理文用核实的撇语"一般表示认真态度，表示实事求是的精神"，文艺作品用委婉的撇语"是为的表现曲致，通过它可以使抒情写景显得委婉深刻"。

简单点说，撇语就是先否定一个事物或者事物的一方面，然后再肯定另一个事物或者事物的另一方面。这种修辞格在网络语言中得到了进一步的发展，主要是借助电子文本的特点把"否定"的部分用形貌手法表现出来：不再使用语言形式的否定词，而是使用括号说明或者删除符号，我们将这种修辞现象称为"网络撤语"，如：

（3）但是很可惜，美国有一条很人（qi）性（guai）化的法律叫"反预算不足法"，只要政府预算没通过，非必要部门的雇员强行上班就属于违法！

（4）这个五一真的是无（sang）比（xin）充（bing）实（kuang）了。

（5）抬头一望他的眼神里充满慈爱（划掉）心疼。

（6）还有，这个夜是熬不得了，五一结束后就十二点（划掉）十一点半左右必须睡觉。

（7）我们要把时间都用在~~刃刃~~吃喝上。

（8）如果你走了 会超级超级超级超级超级超级超级超级有一点点想你的。

上述（3）（4）两例使用了括号加拼音的形式，否定的是文字表达的内容，肯定的是拼音表达的内容；（5）（6）两例使用括号加"划掉"字样，否定的是"（划掉）"之前的内容，肯定的是"（划掉）"之后的内容；（7）（8）两例直接使用删除线这样的修改符号，否定的是删除的内容，肯定的是后添加的内容。

网络撤语和传统撤语的修辞动因也有一些区别。网络语体主要用于日常事务的交流，因为这种语体功能的制约，为了"使抒情写景显得委婉深刻"的委婉类撤语基本没有；核实类撤语虽然存在，但主要并不是为了"表示认真态度，表示实事求是的精神"，而是为了说明思维过程的变化，向对方显示自己想法、态度的转变，如：

（9）昨晚看了创造101，好多优秀的小姐姐（划掉）小妹妹。

（10）你可真是一个聪明非常聪明的女孩子。

例（9）是发现描写的对象比自己年纪小之后，改"小姐姐"为"小妹妹"。例（10）是发现夸奖对方的程度不够以后，改"聪明"为"非常聪明"。值得注意的是，发话人虽然采用了否定的形貌，但依然故意把之前的否定内容保留着，是想让受话者通过对比读出自己的思想变化，从而进一步强调了肯定对象。

网络撇语中更重要的一种类型是用于反语表达，否定的意思和肯定的意思正好相反，形成正反冲突的讽刺效果。如：

（11）这部作品是老师（wo）新（ti）创（ta）作（xie）的。

（12）五一小长假（手动划掉长），你好！各位童鞋们，要文明过节（重要），注意安全（十分重要），早睡早起（划掉），好好学习（使劲划掉）～！

例（11）"新近创作"和"我替他写"形成意义对立，讽刺了老师请学生代笔的不合适做法。例（12）"长"被划掉，"早睡早起"和"好好学习"也被划掉，虽然没有出现肯定内容，但是意思很明显是讽刺五一假期并不长，学生们肯定都是忙于玩乐，既不会早睡早起也不会好好学习。

如果这种反语讽刺否定的是自己不切实际的想法或者做法，

那么就会形成自嘲的用法，这在网络语言中也是常见的，如：

（13）我这个问题提得真的非常有（mei）学（shui）问（ping）。谢（he）谢（he）。

（14）有在场内的小姐姐可以让我这个这辈子都不太可能见到崽子们的女人（划掉）女孩勾搭勾搭吗？

例（13）嘲讽自己提的问题没水平，例（14）嘲讽自己年纪不小了还要冒充女孩。

### 2. 重叠象形

网络语体中把语言要素反复重叠以表示和数量有关的特殊含义，这种用法我们称为"重叠象形"，比如：

（15）哈哈哈哈哈哈哈哈哈哈哈哈哈哈哈哈哈没什么意思就哈哈哈哈哈哈哈哈哈哈哈哈哈哈哈换口气哈哈哈哈哈哈哈哈哈哈矮油哈哈哈哈哈哈哈哈哈哈哈

（16）摩肩接踵人山人海

　　　万人空巷门庭若市

　　　人人人人人人人人

　　　从从从从从从从从

　　　众众众众众众众众

例（15）中一连串的"哈哈"笑声重叠出现，极具视觉冲击力，通过同样语形的反复堆砌，显示了笑到近乎癫狂的极致状态。例（16）中重复的人、从、众再现了人山人海的数量。

重叠的还可以是标点符号，如：

（17）我宣布，新的墙头！！！这个古装扮相太能打了！！！！啊，沉迷这张脸！！！！

（18）日语达人，いいんだよ是什么意思？？？

（19）刚比完八百米，就被拉去跑接力，这感觉。。。。。。。。。。。

"！"和"？"的重复使用都表现了说话人的激烈情绪，而"。"的重复使用则类似于省略号，用得越多表示省略的东西越多，或者郁闷无语的情绪越浓厚。

## 四、语篇形貌修辞

网络语体中的语篇形貌修辞主要是使用各种排版手段，对语篇的内部结构进行版面设计，如插入图片、标题段落分割等；或者是对语篇的整体形貌进行多样化呈现，如选用不同字体、不同颜色等。我们主要介绍一下诗化分行、图文混排和文字修饰。

### 1. 诗化分行

在网络语体中，一种比较常见的语篇形貌修辞就是把一段话分解成一句一句分行排列，取得诗歌一样的排版效果，称为"诗化分行"。如：

（20）每天都有朋友约

每天都有啤酒喝

每天都开心

　　　　每天都值得期待

　　　　老赵说，大家一起吃吃喝喝就跟赚了很多钱一样开心

　　　　是啊，每天都很开心

　　这一段如果说还有点像口水诗的话，那么下个例子从内容上看就是记流水账，完全不是诗歌了：

　　（21）今天是改格式降重复率的一天

　　　　终于定稿了摘下眼镜感觉眼睛也快要瞎了

　　　　晚上看直播听到阿信唱《后来》和《成全》突然就活过来了

　　　　五月来了啊

　　　　应该要趁毕业前去图书馆多看几本书

　　　　不知道要不要留在广州但还是要多去珠江边走一走

　　　　还要跟以后很难见到的人好好地道别

　　　　饭堂的豆浆大叔　经常叫我买鱼吃的耳背哥哥　会记得要给我减饭的阿姨

　　　　希望这些温暖的人能有快乐的人生

　　　　啊不说了现在告别还早了点

　　网络语体之所以经常使用"诗化分行"，主要是想通过分行来降低读者的阅读速度，增加每句话的停留时间，关键目的还是吸引注意力。同时，诗化分行可以采用狭长的版面设计，适应手机屏幕的显示特性，增加阅读的便利性。

## 2. 图文混排

网络语体中另一种常见的语篇形貌修辞是"图文混排"，就是把文字和图片合并在一起排版。网络时代，人们用碎片化的时间完成碎片化的阅读，长篇大论不适合网络文章，视觉效果好、信息刺激强的各种图片就大量出现在文章中，形成了"图文混排"的修辞格局。

除了图片数量的增加，图片和文字的关系也产生了新的变化。原来的书面语体也会选用一些插图或者照片，但图片和文字的关系是背景关系，即文字可以脱离图片独立成篇，图片只是对文字内容的形象展示，比如在描述景色时，插入风景照片使读者获得直接的感受。而网络语体中图片和文字是组合关系，插入图片不单纯是为了美观，其图像信息往往和文字内容契合，成为语篇不可或缺的内容。此时，图片是语篇的重要组成部分，图片信息推进了文字内容，离开了图片信息文字内容就会变得不完整，比如在论证观点举例时，直接插入一张漫画进行幽默化的展示，离开这张图片，文本就无法推进。

网络语体中，图片成了一个必不可少的语篇组件，几乎看不到没有图片的网络语篇。这是由网络语体在传介方式上的多媒体视觉符号性质所驱动的，已经成为网络语篇的重要特征。

## 3. 文字修饰

网络语体还经常采用"文字修饰"的语篇形貌手段，即对文字形体进行润饰加工，主要有字体变化、字号变化、加粗加黑、加点加下划线、文字颜色变化、背景色改变等一系列手段。这些手段的综合运用使文字的字形能指具有一定的审美效果，与此同时也会和信息的重要性程度发生呼应。

总而言之，网络语言中的语篇和我们所熟知的书面语篇已经有很大的区别，产生了自己特有的形貌修辞手法。这一方面使信息传递的手段更加多样化，使读者的接受过程更加方便，但另一方面也呈现出信息碎片化、衔接逻辑性不够、内容缺乏深度的弊端。

### 五、形貌修辞的基本原则

不管是哪种形貌修辞，其基本原理都是象似性原则，即利用语言形式本身的空间特征来表达与之相关的意义。当然这种象似性的达成有多种方式，可能是比较直观的，也可能是比较曲折的。

比较直观的是用视觉形体来模拟自然界的形体，如符号形貌修辞中的汉字象形和字符象形，还有图文混排中的图片和照片，本质上都不是任意性符号而是象似性的图画。

比较曲折的包括两种：一种是概念的数量性相似，即用形貌的体量变化来表现概念的数量变化，如符号形貌修辞中的字形会意和句段形貌修辞中的重叠象形。另一种是关注度的程度性相似，即用形貌的复杂化来提升关注度，如符号形貌修辞中的火星文和语篇形貌修辞中的文字修饰，都是通过复杂的形式来提升阅读者的关注度。

　　总之，形貌修辞是网络语体的一大特色，目前的研究还很粗浅，值得进一步分析和讨论。

# 第五章 语言、心理、文化：
# 无关谐音的综合研究

本书在第三章、第四章中多次提到网络语言的一种常见现象——无关谐音，这是网络语言中一种特别典型的用法。本章拟对这一现象的构造原则、理解机制和文化心理展开全面的综合研究，并借此说明网络语言研究必须采取的多维视角。

## 第一节 无关谐音的构造原则和理解机制

无关谐音是网络语言中的一种特殊谐音现象，如：

（1）今晚嗨森的理由有多少？有新盆友，老盆友，还有老老盆友，真好。

（2）这就是尼玛个妥妥滴深井冰啊！

例（1）中的"嗨森""盆友"分别是"开心""朋友"的谐音，例（2）中的"尼玛""滴""深井冰"分别是"你妈""的"和"神经病"的谐音。

这些谐音用法和传统修辞学中的"谐音双关"辞格有很大的区别，谐音双关中具有谐音关系的两个词语本身可能没有意义联系，但在特殊的语境中，这两个词语的含义都是和语境适切的，都和语境相关联，故称为"双关"，如经典的例子：

（3）杨柳青青江水平，闻郎江上唱歌声。东边日出西边雨，道是无晴却有晴。（刘禹锡《竹枝词》）

例（3）中，"晴"和"情"谐音，两者音同意不同，但是在这首诗歌的语境中，"有晴/无晴"和"有情/无情"的两个意思都是说得通的，从而使诗歌产生了丰富的意蕴。

而上述网络语言的谐音现象中，具有谐音关系的两个成分语音相同或者相近，意义完全不同，而且最终用来表达的谐音形式和语境之间是没有语义关联的，其语义也没有对理解产生特殊的表达效果，所以我们称为"无关谐音"。如"嗨森"和"开心"语音近似，但"嗨森"本身不成词，放在上下文中也根本讲不通。因此，谐音双关是一种修辞用法，必须在特定语境中才能发挥作用，而无关谐音的谐音形式和语境没有关联，可以脱离语境使用，如果新的词型和词义关系紧密稳定，就可以起到构造新词的作用。

## 一、无关谐音的分类和界定

网络语言中的无关谐音现象大致可以分为"谐音借词""谐音命名""谐音翻译"三类：

第一种情况是在表达一个旧概念时，不使用已有词项[1]，而

---

1 我们这里使用的术语"词项"包含了词语和词组，因为有时候借用的还不是词语，而是一个词语组合，如用"墙裂"来表示"强烈"时，"墙裂"就是一个词组。此外，借用的还有可能是纯借音的无意义的语素组合，如借"肿么"来表示"怎么"，"肿么"这个组合本身是无意义的。为了行文的简洁，我们就笼统称为"词项"，不再区分内部的构造差别。

是借用其他读音相同或相似的词项，而且在借用词项和已有词项之间没有语义关联。如要表示"承受的负担"这个含义时，不使用已有的"压力"一词，而是借用"鸭梨"来表达，"鸭梨"和"压力"读音相似，但是意义毫无联系。我们把这种现象称为"谐音借词"。

第二种情况是在表达一个新概念时，不直接创造一个新词项，而是利用某个已有词项的语音形式赋予新义来进行表达。这个新符号只是借用了已有词项的语音形式，其意义和原有词项的意义没有任何关系。如要表示"求职面试多次被拒的人"这个概念，借用了"巨无霸"这个已有词语的语音形式创造了"拒无霸"这个新词，"拒无霸"（求职面试多次被拒的人）和"巨无霸"（强大的人或物）语音相同，但意义没有关联。我们将这种现象称为"谐音命名"。[1]"谐音命名"在具体使用中，既可以使用具有意义提示功能的谐音新型，也可以直接使用已有词项的旧型，如借用"亚历山大"对"压力像山一样大"进行谐音命名时，既可以使用"压力山大"的新谐音组合，也可以直接使用"亚历山大"这个已有的人名词项。同理，在不同语境中，前例也可以选择使用"拒无霸"或者"巨无霸"。

---

1　本书第四章将这种现象称为"命名性辞格"，本章为了和上述"谐音借词"的术语相配合，称为"谐音命名"。

第三种情况是在引进外来词时，故意选择某个读音相似的已有词项来进行翻译，这个词项的意义和外来词的意义之间也没有任何关系，如把英语词"trouble"翻译为"茶包"，"trouble"的意义"麻烦"和"茶包"之间没有关联。我们把这种现象称为"谐音翻译"。谐音翻译和纯音译不同，纯音译追求的是读音的相似性，而且为了避免误解，会尽量选用无意义的音节组合，而谐音翻译则尽量选用有意义的词语，甚至可以为此牺牲一点读音的相似度，如把"happy（快乐）"翻译为"黑皮"就是因为"黑皮"是一个常见的绰号。谐音翻译和音译兼意译也不同，音译兼意译虽然也选用有意义的已有词语，但这个意义和外来词的意义是接近的，而谐音翻译选用的词语其意义和外来词的意义没有相关之处，如"humor"的音译兼意译形式是"幽默"，无关谐音形式则是"油墨"，"幽默"和"humor"语音相似意义相关，而"油墨"和"humor"只有语音相似，意义没有关联。

以上谐音借词、谐音命名、谐音翻译三种情况有其共同之处：它们都是由能指的谐音要求驱动的，也就是把满足符号之间的能指相似作为标准来选用符号，因而都会用一个和当下语境无关的词项来表示目标意义，换言之，它们都利用了谐音的语言机制，但由此产生的谐音义和表达目的没有关系，所以我们统称为"无关谐音"现象。

我们选用商务印书馆2012年出版的《新华网络语言词典》，

对无关谐音现象做了一个初步的统计[1]。《新华网络语言词典》共收汉字型词语1647个，其中属于无关谐音造成的词项就有263个，占到16%。而且，该词典收录了大量网络技术术语，如"闪存卡、网关、搜索引擎、域名"等；还有描写网络现象的一般词语，如"互联网、个人网站、网络律师、网络犯罪"等。这些词按照本书定义，都不算作网络语言的组成成分。如果把这些词语除掉，那么无关谐音词项所占的比例将大大上升。可以说，无关谐音现象已经成为网络语言的一个突出标志。

在263个无关谐音词项中，各小类所占比例如下：

| 小类名称 | 谐音借词 | 谐音命名 | 谐音翻译 | 总计 |
|---|---|---|---|---|
| 数量 | 153 | 66 | 44 | 263 |
| 所占比例 | 58% | 25% | 17% | 100% |

谐音借词数量最多，谐音命名次之，谐音翻译最少。

## 二、无关谐音的性质

### 1.无关谐音和造词法

很多网络语言词典都收录了大量"无关谐音"的词项，不言而喻，它们是将"无关谐音"理解为一种造词手段，并且把由此产生的语言单位都处理为网络新词。那么"无关谐音"是不是一

---

1　我们并不赞成将无关谐音造成的词项看作网络新词（详见下文"无关谐音和造词法"），但是该词典对这些词项的搜集还是为我们提供了一个讨论的基础。

种造词法呢？

把无关谐音制造出来的语言项目当作新词，有两个原因：一，这一语言项目创造了一个全新的符号串，有其独立的音义结合关系；二，这一符号串具有一定的结构稳定性，即用固定的形式来表示固定的含义，而不是临时打造一个随意格式，如用到"压力"一词必定用"鸭梨"来代替，不会临时新造一个形式如"雅丽"来代替，这就使该符号串即使脱离语境也能被使用者识别。这两个方面的表现与一般新词是保持一致的。

但是我们也要认识到新词最重要的功能是标记新概念，而在无关谐音现象中，这一功能相当薄弱。无关谐音中的谐音借词是对既有概念的形式改造，没有为交际活动增加任何新概念。在谐音翻译中，只有稻糠亩（.com/公司域名后缀）、维客（wiki/一种可协同创作的超文本系统）、西橘（CG/用计算机技术参与的视觉创作）等少数几个技术术语属于新概念，绝大多数都是对既有概念的谐音恶搞。至于谐音命名，当然是有标记新概念功能的，但其表达的新概念也往往是为了特殊的搞笑效果而制造出来，对概念的定型作用并不显著，风行一时之后往往就销声匿迹了，如"煤超疯/糖高宗/蒜你狠"等涨价系列新词就是典型的例证。从数量上看，由上文对《新华网络语言词典》的统计可知，无关谐音中谐音借词数量最多，占了一半以上，如果再加上谐音翻译，就占到了3/4，谐音命名只占1/4左右，这也可以证明无关谐音主要不是为了标记新概念而产生的。

而且，无关谐音现象具有把整个词组或句子一起谐音的用法，这是无法用新词来解释的，如"图样图森破（Too young too simple.）""北鼻康忙（Baby, come on!）""粉稀饭（很喜欢）""干虾米（干什么）""表酱紫（不要这样子）"等等。

最后，无关谐音现象在网络语言中的出现频率是极高的，有时一句话中就有好几个，如：

（4）北鼻问妈妈："麻麻麻麻，粑粑在干什麻呀？"

（5）口爱滴小饺子长大了，冲着银家流口水。矮油，介样好吗？

例（4）中，一口气用了北鼻（baby/孩子）、麻麻（妈妈）、粑粑（爸爸）、什麻（什么）4个无关谐音；例（5）则有口爱滴（可爱的）、银家（人家）、矮油（哎呦）、介样（这样）4个。在典型的网络语言中几乎每句话都会使用无关谐音，与此同时几乎每天都有新的无关谐音词项出现，如果把它们都算作新词，那网络词典将永远跟不上实际更新的步伐。

所以，无关谐音主要不是一种造词法，而是一种语用法。当然，有一些常见的谐音形式如果相对稳固，出现频率也高，如"神马""童鞋""亚历山大"等，那不妨当作网络新词，但不宜每出现一个无关谐音的项目就当作一个新词。

## 2. 无关谐音和别解的区别

此外，无关谐音和传统的别解辞格也容易混淆。所谓别解，就是对一个已有的词项进行重新解读，在维持能指形式不变的情况下，求取新的所指意义，如把"久经考验"别解为"酒精考验"是谐音别解，把"内人（妻子）"别解为"自己人"是语义别解。别解辞格和无关谐音在音义关系上十分相似，都是用同一个语音形式表示两个意思，而且其中说话人真正要表达的意思都颠覆了原有符号约定俗成的含义而指向一个另类的含义。但它们之间也有区别，主要是两点：一，生成机制和理解机制不同，别解从原有词语出发，是对原有词义的重新解释；而无关谐音从新意义出发，是为了表达某种特定意义而对已有符号的借用。二，对语境的依赖性不同，别解是在某种特殊语境下的一次性使用，因而往往需要新旧两种含义在语境中同时出现；而无关谐音对已有符号的借用会逐渐稳定下来，不再需要特殊语境的支持。试比较：

（6）"工作这么多年了，你还这么清纯妩媚！""是'清唇无眉'吧？"

（7）如果你内牛满面了，请你回个帖说出自己的感受。

例（6）是别解，第二个说话人把"清纯妩媚"的意义故意理解为"清唇无眉"，是这个语境下的特定用法；例（7）是谐音借词，用"内牛满面"来代替"泪流满面"，一旦稳定下来在网络语言中的任何语境下都可以替换。

不过，在离开语境具体分析某个词项时，别解和无关谐音在生成机制和理解机制上的不同并不容易分辨。如用"可爱"表示

"可怜没人爱"的意思，既可以是把"可爱（令人喜爱）"别解为"可怜没人爱"，也可以是为了表达"可怜没人爱"的意义而借用了"可爱"的符号形式，起源如何无法追溯。因此我们只能看这一词项是否能脱离特定语言环境形成一种相对固定的意义表达，如果在网络语言中"可爱"不需要语境支撑，已经能够独立表示"可怜没人爱"的意思，那我们就把它也归入无关谐音现象之中。再如，一开始网民们可能是在特定语境中把"老板"解释为"老是板着脸"的含义，这是一种别解用法，但是这个释义一旦稳固到能脱离语境使用，"老板"就成了"谐音命名"了。当然，"可爱""老板"之类即使作为无关谐音也是不典型的，因为它们不仅谐音，而且语素形式也是相同的，不过由于生成机制相同，我们还是把它们算在无关谐音之内。

综上所述，我们认为应该把无关谐音看作是网络语言特有的一种新用法，既不是一种造词手段，也不是一种别解修辞格。

## 三、无关谐音的构造原则

### 1.借用符号和目标符号

为了方便分析，我们用"目标符号"和"借用符号"这对术语来区别说话人实际要使用的符号和借用来的谐音符号。其中，"目标符号"由"目标形式"和"目标意义"组合而成，"借用符号"由"借用形式"和"借用意义"组合而成。比如，用"鸭梨"表示"压力"时，"压力"就是目标符号，其目标形式是

[压力yālì]，目标意义是{承受的负担}，而"鸭梨"就是借用符号，其借用形式是[鸭梨yālí]，借用意义是{一种水果}。[1]

关于借用符号和目标符号的构成方式，无关谐音的三种类型还略有差异。

无关借词的目标意义是已有概念，所以可以找到明确的目标符号，如上文所举的"鸭梨"：

目标符号"压力"：目标形式[压力yālì] ↔ 目标意义{承受的负担}

借用符号"鸭梨"：借用形式[鸭梨yālí] ↔ 借用意义{一种水果}

无关命名表达的目标意义是全新概念，所以其目标符号不是已有词语，只能是表达这个概念的一个符号串，但这个目标符号串的表现形式可以简缩，使之与借用形式相同或相似，如"健谈"表示"贱谈"就可以分析为：

目标符号串"贱到什么都谈"：目标简缩形式[贱谈jiàntán] ↔ 目标意义{贱到什么都谈}

借用符号"健谈"：借用形式[健谈jiàntán] ↔ 借用意义{善于言谈}

无关翻译的目标符号是外语，借用符号是汉语，如"茶包"

---

1　此处用""表示符号，用 [ ] 把文字形式和汉语拼音或国际音标括起来表示符号形式，用 { } 把语义描述括起来表示符号意义。

可分析为：

目标符号"trouble"：目标形式[ˈtrʌbl] ↔ 目标意义{麻烦}

借用符号"茶包"：借用形式[茶包chábāo] ↔ 借用意义{放茶叶的小包}

但是，不管这些细微差别，无关谐音的特征都可以概括为：一，借用形式和目标形式读音相似或相同；二，不能使用借用意义来表达目标意义。

### 2.意义优先规律

根据对语料的分析，无关谐音现象在构造谐音形式时存在着一条意义优先规律，即：无关谐音会优先选择有明确借用意义的借用形式进行谐音借用。

具体说来，有意义的固有词语会被优先借用，如"大卫（大胃）""盒饭（何洁的粉丝）"。如果没有固有词语，那么就选择有意义的词组，如"神马（什么）""那死大个（Nasdaq/纳斯达克）"，这些词组的意义虽然奇特，但仍然可以感知到。此外，在存在两种借用形式的时候，有意义的形式会流传更广，如"干什么"有"干色摸"和"干虾米"两种借用形式，后者因为有意义，使用率就比前者要高得多。

为了满足意义优先规律，可以牺牲语音的相似性，使借用形式和目标形式的读音差别比较大，如"爱老虎油（I love you/我爱你）"和"麻油（没有）"，再如"兰州""卤煮""露珠"都是"楼主"的借用形式，都有独立意义，但与目标形式只是声母相同而已，语音差异就更大了。为了满足意义优先规律，还可以牺牲词性的一致性，即借用意义和目标意义的词性不匹配，如"稀饭（喜欢）""果酱（过奖）"都是借用名词表示动词意义。实在找不到理想的有意义的借用形式时，还可以牺牲意义的合理性，即荒谬的借用意义也比没有意义要好，如"噬石真象（事实真相）"的借用意义是"吃石头的大象"，"单脚拉屎（dangerous/危险）"的借用意义是"单腿站着拉屎"，都是日常生活中少见的荒谬景象。

当借用形式不管如何调整也无法产生借用意义时，还产生了一种"生造词源"的方法来满足意义优先规律，即为借用形式生造出一个所指概念，使原先无意义的借用形式具有了借用意义。如：

（8）有一种牛肉面叫内牛满面。

"内牛满面"是"泪流满面"的借用形式，本来无意义，但在上例中"内牛满面"被生造出一个词源，真的成了一碗面。

再如：

（9）回龙教，据说是我国第一大教，教徒分布广泛，人数众多。教会活动集中在早上。据《回龙大法》第一章记载，"我再睡一小会"乃本教教义。

"回龙教"是"回笼觉"的借用形式，例（9）是生造出来的词源解释。

更有名的是"草泥马"，原来是脏话，但是经过生造词源后就真的被当作一种动物的名称来使用了，其形象往往用羊驼代替。

"意义优先规律"和汉字"音节—语素文字"的属性有关，汉字记录的是音节，往往代表了语言中一个有意义的语素，因此，汉字使用者很难把汉字仅仅当作记音符号使用，总是想追求借用来的汉字组合背后的意义，哪怕这个意义和要表达的目标意义毫无关联。

## 四、无关谐音的理解机制

在创造之初，无关谐音现象不使用已有词语来进行正常表达，而是通过谐音借用其他词语来进行曲折表达，这是非省力的、非经济的表达行为，其效果在于通过谐音机制获得一种语言游戏的愉悦。但是语言毕竟是一种有意义的符号系统，在持续的使用中原本无关的意义之间会相互影响、相互渗透。在无关谐音现象中，借用形式和目标形式在读音上的"语形象似性"甚至会迫使借用意义和目标意义产生"语义象似性"，以此来满足语言使用心理。这也符合关联原则的要求，即对借用意义的额外解读努力必须求取额外的解读效果，否则就必然会被语言经济性所淘汰。于是，我们发现，借用形式和目标形式之间的象似性是无关谐音现象的主要动因，但在满足这一动因的同时，语言使用者总是会尽力寻找目标意义和借用意义之间的语义关联，进而在最初无理据的无关谐音现象中产生了一些意义理解的途径。

## 1. 偶合修辞

在无关谐音的借用意义和目标意义之间，也会产生一些辞格的联系，但是这种辞格联系只是语音相似的副产品，是事后的意义追加，由此带来的修辞效果只是一种偶然巧合，所以我们将其称为"偶合修辞"。

偶合修辞中比较常见的是隐喻，即在目标意义和借用意义之间找到一定的相似性就生成了偶合隐喻。如目标意义"知本家（利用知识创造财富的成功人士）"和借用意义"资本家（利用资本创造财富的成功人士）"之间就存在相似性，借助借用意义的认知模式来理解目标意义就形成了一个典型的隐喻理解。再如长脖鹿（专门窥探隐私的博主）、媒矿工（投身婚配市场的媒人）、下崽（下载）等均可以按照隐喻的模式理解。

如果在目标意义和借用意义之间找到一定的接近性，就可以形成偶合转喻，如用"美眉"代替"妹妹"（在网络语言中指年轻女性），就是用部分（美丽的眉毛）来代替整体。再如用"墙裂"代替"强烈"，"墙裂"是一种现象，其产生原因是受到强烈的撞击，"墙裂"表示程度高的"强烈"，就是用"造成现象的原因的程度"来代替"程度本身"，是一个绕了两个弯的转喻。转喻本来和隐喻一样都是人类的基本认知方式，但在无关谐音中却很少能形成偶合转喻，这也很容易解释：事物之间的相似性要比相关性多得多，在谐音的两个概念之间，通过充分联想，我们总是能或多或少地发现一些相似关系，而要找到作为转喻基础的接近关系（部分—整体、内容—容器、原因—结果等）就不太容易了。其实，就《新华网络语言词典》中搜集到的语料看，偶合转喻只有美眉（妹妹）、大刀（打倒）、蕾丝（lesbian/女同性恋者）、妹力（魅力）、墙裂（强烈）等寥寥数个。

如果目标意义和借用意义完全相反，则会形成偶合反语，如爱心（爱钱没有良心）、负翁（富翁）、可爱（可怜没人爱）等。还有一些虽不是明确的反义，但在部分语素意义和褒贬色彩上也有相反的意味，如耐看（耐着性子看）、白骨精（白领骨干精英）、蛋白质（笨蛋白痴神经质）、健谈（贱到什么都谈）、霉女（美女）、菌男（俊男）、偶像（呕吐对象）、情剩（情圣）、神童（神经病儿童）等。

### 2. 特征转移

更为常见的情况是依赖概念整合机制而产生的特征转移，即语言使用者在目标意义和借用意义之间发挥充分的联想，通过概念整合的方式对两者进行整体理解，从而使借用意义的部分特征转移到目标意义之上。

但是这种概念整合是典型的单辖域网络（single-scope networks）：作为首要输入空间的目标概念提供了理解的整体框架和主要意义，作为次要输入空间的借用概念只是添加一些边缘特征和情感特征，由此形成的整合空间以目标概念为主，附带了一些从借用概念转移来的属性特征。如用"色友"代替"摄友"，就是把"喜欢拍美女"这个特征添加到"摄友"之上；而用"烟酒僧"代替"研究生"，则把"嗜烟酒""单身""刻苦修行"等边缘特征添加到"研究生"之上。

概念整合的主要特点就是动态性、创造性，因此借用概念向目标概念的转移并不是确定的、必然的，而是因人而异、因情景而异的。在无关谐音的解读中，每个使用者可能会读出不同的含义来。

### 3. 对于理解机制的说明

关于以上无关谐音现象的理解机制，有几点需要说明：

第一，借用意义和目标意义的关联都具有"后发性"的特征，即意义关联并非其生成动因，是语音相似促使人们寻找意义关联，意义关联在语音联系形成后才形成，由此带来的结果就是理据性较弱，有时候甚至很牵强。

第二，即使存在以上种种关联方式，仍然仅有一小部分无关谐音现象获得了合理的解释，大多数仍然只是一种无意义的谐音游戏。

第三，借用意义和目标意义的关联强度与无关谐音的流传范围和流传时间成正比，越是能获得合理语义解释的无关谐音现象，生命力越强。

## 五、无关谐音对日常语言的影响

无关谐音的网络语言现象对日常语言也产生了一定的影响。很多无关谐音造成的词语直接进入日常语言，在纸质媒体上出现。如：

（10）硕士研究生堪称"亚历山大帝"（《信息时报》2013年5月6日文章标题）

（11）范仲淹"鸭梨"遍天下 曾当"范跑跑"（《东南早报》2013年9月13日文章标题）

（12）中国亿万富豪平均40岁 胡润也称"鸭梨山大"（《扬子晚报》2013年10月15日文章标题）

更为经典的两个案例是属于谐音命名的：2009年到2010年的涨价潮造就了"豆你玩（绿豆涨价现象）、鸽你肉（鸽子涨价现象）、姜你军（生姜涨价现象）、姜一军（生姜涨价现象）、辣翻天（辣椒涨价现象）、煤超疯（煤涨价现象）、苹什么（苹果涨价现象）、蒜你狠（大蒜涨价现象）、糖高宗（糖涨价现象）、药你命（药品涨价现象）、油他去（油涨价现象）"等词，从网上到网下不断互动，流传之广泛、使用频率之高堪称无关谐音的"全民狂欢"。还有近年高校自主招生结成考试同盟，由此带来的谐音命名词语"华约（清华大学为首的考试同盟）""北约（北京大学为首的考试同盟）"，已经深入人心，成为相关概念的唯一词汇形式，在每年的高考季都会在媒体上不断亮相。

　　除了直接进入日常语言的无关谐音词汇外，无关谐音现象对日常语言的更有力影响体现在日常语言对其语用机制的借用。如：

　　（13）"明珠环"凌晨"C易O"——世博会前"东方浮庭"观景平台将一并竣工（《新民晚报》2010年1月7日文章标题）

　　（14）国庆放假 提前放价（苏宁易购2013年9月平面媒体广告语）

　　（15）2013会员"开惠"啦（新亚大包2013年9月平面媒体广告语）

　　例（13）中"C易O"谐音"CEO"，例（14）中"放价"谐音"放假"，例（15）中"开惠"谐音"开会"，它们都不是网络语言常见的无关谐音词项，而是为了本次使用而临时制造出来的，但是它们都采用了无关谐音的语用手段。

　　而在一些电视节目中，利用无关谐音机制制造的栏目名称也随处可见，如：

　　（16）帮女郎（上海教育电视台电视栏目，谐音"邦女郎"，即著名的007电影系列中的女主角）

　　（17）非常静距离（安徽卫视电视栏目，谐音"非常近距离"，这里的"静"指节目主持人李静）

　　（18）康熙来了（台湾中天综合台电视栏目，"康熙"借用清帝年号，在这里是节目主持人蔡康永和徐熙娣的简称）

　　例（16）产生了偶合修辞中的后起隐喻效果，例（17）、例

（18）则是纯粹的语言游戏，借用意义和目标意义之间几乎没有语义关联。

当然，我们也发现大多数进入日常语言的例子都是出现在需要吸引眼球的文章标题、栏目名称或者广告语中。由于无关谐音的先天缺陷——意义关联的弱理据性，除了极少数能在日常语言中站稳脚跟外，大部分都将是过眼烟云。

# 第二节　无关谐音的文化心理研究

在第一节对无关谐音现象进行语言考察后，本节对其隐含的使用心理和文化内涵进行探究。

## 一、无关谐音现象的特点

无关谐音现象的产生存在一些客观原因，主要可以归纳为三方面：一是输入法，很多网民使用的是拼音输入法，为了方便，往往选择第一个跳出来的同音词，网络语言中早期流行的"大虾（大侠）""斑竹（版主）"等词多是由此原因造成的。二是敏感词屏蔽，国内很多网站对涉及色情、暴力、诈骗的词语采取屏蔽手段，不予显示或用"*"号自动替代，当网民要表达相关概念时只能用谐音形式代替，如"管方（官方）""交谊（交易）"等。三是脏话，对脏话的忌讳而使用谐音形式在日常语言中也是常见的，如"我擦""卧槽"等都是由这个原因造成的。

然而，这些客观原因肯定不是无关谐音用法蔓延的根本原因，绝大部分无关谐音现象的产生不能用以上三种原因来解释，而且它们也无法解释无关谐音现象表现出来的下述几个重要特点：

①主动创造性——无关谐音不限于客观上必须采用谐音的敏感词，而是广泛地表现各个领域里的各种概念，使用时不是偶然地、被动地使用，而是主动地创造，有时候甚至不惜在输入法上为自己增加麻烦，如输入法很容易整体识别的"可爱""不明真相"谐音为"口耐""布鸣真象"时，就需要一个个字地重新选择。

②结构稳定性——用固定的谐音形式来代替固定的词语，而不是临时打造一个特殊格式。如用到"压力"一词必定用"鸭梨"来代替，不会临时新造一个形式如"雅丽"来代替，在"压力"和"鸭梨"之间具有一种稳定的替换关系。正是这种稳定性使人误以为无关谐音形式是一种网络新词。

③广泛流行性——无关谐音不是一种稀见的语言现象，而是在网络语言中系统地、大范围地使用，甚至对网络语言的基本面貌具有塑造作用。在网络语言运用中，无关谐音层出不穷，几乎每句话里都可以找到，有时候一个句子里还会连续使用好几个。

以上这些特性不得不使人相信，无关谐音已经不是一种偶发现象，而是一种值得深入考察的网络语言重要表征。

## 二、无关谐音的本质：常态化的语言嬉戏

那么，无关谐音究竟是一种什么性质的语言现象呢？

根据丹·斯珀波和迪埃珏·威尔逊（2008）提出的关联原则，信息发出者进行某种特殊表达，一定有其关联性意图；信息接受者如果付出了额外的解读努力，必须求取额外的表达效果。无关谐音和正常表达相比，需要读者付出额外的心智努力去解读，那么就需要获得额外的表达效果，否则这种表达就是不成功的。

有一些无关谐音现象能获得原型意义之外比较明确而具体的额外语义效果，这时利用的主要是隐喻机制，即理解者发挥充分的联想，在新型意义和原型意义之间找到一定的相似点，由此把新型的意义添加到原型之上。当然这种关联和通常的比喻不太相同，相似之处往往比较微弱而牵强，而且创造时并无此意，都是通过事后的充分联想获取的。而且即使经过充分的认知加工，绝大多数新型意义和原型意义之间也找不到相似之处，这也正是"无关谐音"的名字由来。

因此，从语言学角度来解释网络语言中的无关谐音现象，并努力追索其后的语义修辞效果，可能并不是一种合乎时宜的做法，甚至有缘木求鱼的嫌疑。因为稍加体察就可以发现，网民们进行这种语言活动，其用意根本不在于表达特殊意义，因而并非一种修辞手段的自觉追求。

在我们看来，无关谐音首先是作为一种"语言嬉戏"活动而

风行开来的。

我们所说的"语言嬉戏"和通常所说的"语言游戏"略有不同。所谓"语言游戏",一般是指在语言活动中,有意利用语言或文字在形、音、义上的特征,精心组配创造出饶有趣味的言语作品,雅一点的如回文诗、藏头诗,俗一点的如对联、童谣等。这种语言游戏通常也被称为"文字游戏",常见于文学活动中,主要实现文学的审美功能。但是在日常语言中,"语言游戏"的一些有效技巧也会被有意识地利用,在实现语言形式的审美功能之外,还具有为达成特殊交际目的而服务的实用功能,这就是以辞格为代表的各种修辞手段,常见的如双关、对偶、排比、顶真等。

我们再来看网络无关谐音现象,可以发现它也具有"语言游戏"的形式特点,即同样关注语言成分的形、音、义关系,并对之进行有意识的重新组配,产生非常态的语言项目。但是,无关谐音和语言游戏在功能上有很大的区别,无关谐音对语言形式的改造是无目的性的,它不是一种文学活动,从不关心文学创造的审美功能,也缺少和交际需求的关联,并没有特殊的言外之意。新型和原型的谐音完全是一种冗余手段,其引入仅造成了一种没有目的也没有内涵的娱乐效果,并不是一种积极的修辞努力。在这里,语言新型失去其审美功能和意指功能,仅成为语言的多余智能戏弄的对象。鉴于此,我们更愿意用"嬉戏"来代替"游戏",所谓"语言嬉戏"就是舍弃了功能价值的"语言游戏"。

我们原本的语言生活中，也有一种类似的无功能价值的"语言嬉戏"活动，典型的如猜字谜、填字游戏、成语接龙等，它们仅以语言项目的制造和读解作为娱乐活动的工具。但是它们和无关谐音在使用场合上也有显著的区别，这些"嬉戏"活动是出现在消遣娱乐的场景中的，而无关谐音则出现在有正式交际目的的网络语言活动中。这也就是说，无关谐音是一种融入网络语言生活的"常态化的语言嬉戏"。

### 三、无关谐音泛滥的原因：制造噪声

作为一种无功能价值的语言嬉戏活动，为什么能在网络语言中成为常态化的语言现象大行其道呢？一个最容易找到的原因就是它实现了网民这一群体对内自我辨识、对外排斥异己的语言认同心理。任何一种社会方言，都会通过使用特定的语言项目而让使用者产生群体认同感和归属感，这是社会方言的普遍功能。如果我们将网络语言看作一种社会方言，那么它当然也有类似的识别功能。但是我们在本书第一章已经证明，最早的一代网民也许因社会阶层、学历、工作特点等原因集结为一个社群，但目前网民的群体极为庞大而且正在向各阶层扩散，网民的特点模糊不可辨，已经不适宜看作一个具有内聚结构的社会群体了。与此同时，网络交际日益频繁，在线交流无所不在，电子传播全面崛起，这些变化趋势使网络语言已经演变成为一种功能变体，即在

从社会方言到功能语体——网络语言新论

网络交际的技术条件制约下，为了满足网络交流的特定需要而发展形成的一种具有特定功能的语言变体，我们认为它将发展成为口语体和书面语体之外的第三种重要功能语体。而作为功能语体，网络语言的特征必然是受到网络交际形式的制约而产生的，其表现形式的变异是为实现特定的功能目的服务的，必然可以在其中找到发生发展的功能动因。

由上述分析出发，我们来解释无关谐音在网络语言中广泛存在的原因。首先，网络世界拥有海量信息资源和迅捷更新速度，要想使个人的声音得到广泛关注，就必须具有足够的吸引力。在自媒体时代，这种信息的庞杂和无序更是被迅速放大，网上充斥的是"闪亮的广告范本"，是"多管闲事、多嘴多舌的，短命到几乎不适合印刷的文章"，是"被剪切下来的松散、唯利是图、哗众取宠的字句"……[1] 与此同时，网民也早已经失去了细读文本的兴趣甚至是能力，他们渴望获取在内容和形式上都新鲜特异的东西来刺激感官。在这样的背景下，网络信息的吸引力就不能只依靠所指内容的独特性和戏剧性来获取（其实更多的时候这些所指根本就没有独特性和戏剧性可言），只能通过对能指本身的加工来引起关注，甚至发展到通过制造"噪声"来获取注意力。口语交际的经验告诉我们，在一片平淡无奇的声音中，人们固然

---

1　《语言与因特网》第 51 页，[英] 戴维·克里斯特尔著，郭贵春、刘全明译，上海科技教育出版社 2006 年。

会特别留意那些悦耳的声音，但是伴随着嘶哑的咳嗽或者嘶嘶吸气等噪声的话语同样会引起额外的注意。与之类比，网络语言中的无关谐音正是一种可以方便快捷地人为制造出来的能指"噪声"：信息发出者制造反常的符号能指非常方便，只要在输入法选项中选择"异类"即可，无须耗费很大的心智努力，却获得了接受者的额外关注，迫使对方在好奇心的驱使下进行降噪操作来获取信息。整个交际过程在传递信息之余，附加了制谜解谜的过程，为平淡无奇的内容增添了不少阅读的乐趣。

　　与此同时，一些新媒体平台的交际要求也使这种对噪声的追求变本加厉：网络新闻的标题要想抓人眼球，只有追求语不惊人死不休的文字效应；BBS上的帖子主题要有足够的语言魅力才能诱人点击，从而获得论坛积分赢取知名度；在浩如烟海的网络留言中，只有新鲜的表达和奇特的签名档才能在片言只语间彰显使用者的个性；而微博起初设置了每条140字的字数限制，这个字数显然不足以对内容大肆发挥，字斟句酌之外还要寻求表达本身的特异之处……这些力量推波助澜，使无关谐音大肆流行起来。

　　虽然无关谐音源自于语言使用者对网络新媒体和网络交流新方式的适应，但其推广的动因依然是网民对自我身份的认同需要。如前所述，网民已经不再是一个具有共同社会特点的社群，他们不是因为特殊的社群身份而仅是因为共同的网络交际方式而聚合起来。网民不是一个社会群体而是一个语言群体，网络语言不仅是网民的身份标志，而且成了网民唯一的定义核心：网民这个异常庞大而芜杂的群体唯一的共同特征就是进行网络交际，离开了网络交际和网络语言，就不存在网民这个身份。那么，网民们如何获取归属感呢？网络交际的内容无所不包，显然无法获取共鸣，因此网络语言形式就成了网民身份认同的载体。无关谐音因其极低成本带来极大回报的高效率特点，迅速成为网络语言中最活跃最具有标识性的现象。

## 四、无关谐音的识读角度：群体心理的被动反映

除了制造噪声以吸引注意这个功能以外，无关谐音就没有其他信息价值了吗？恐怕还不是这样。就像说话时发出咳嗽这类噪声既可以有意识地利用来提醒对方注意不速之客的到来，也可以无意识地提示说话人嗓子不舒服一样，无关谐音也可以有意识地传递或无意识地展现某些信息。

表面看来，无关谐音是一种语音替换，是一种变换词语能指形式的游戏，但更深层的则是一种对所指概念的"反讽"：如果直接对所指概念发表意见，那是一种诉诸理性的直接表达，是一种正儿八经的言论；而替换核心概念的能指形式，则通过把原型意义和原型形式强制分离，从而消解了原型的确定性，用任意的无关的语音外壳来盛装原型的概念内容，则更进一步表达了对该概念的戏耍和嘲讽。

所谓"反讽"，常见的典型形式是正话反说或者反话正说，

但还有一种更宽泛的表现形式，就是字面意思和实际要表达的意思不符合，也即言不由衷或是意在言外。而无关谐音的反讽则更特殊一点，首先无关谐音的反讽不是语用层面上的，而是语汇层面上的，也即无关谐音的反讽指向不在语篇构建的过程中产生，而是在成篇之前的语汇系统中就已经存在，所以这种反讽和语篇内容无关，只牵涉到相关语词所表达的概念。

其次，无关谐音中的字面形式（新型）要么根本没有意义，要么和实际要表达的意义（原型意义）风牛马不相及，由此其对概念的反讽没有实际的理性内涵，仅仅在于展示"我在反讽"的谐谑姿态，是一种没有反讽内涵的形式化反讽。

从语言个体的最初用法来看，无关谐音可能产生于对形式化反讽手段的有意识使用，是对特定概念进行嘲弄的一种修辞技巧，但此后大肆兴起的无处不在的跟风性使用，连最初的形式反讽功能也已经丢失了，网民们似乎单纯只是为了新鲜好玩而仿用。但是这个现象还不是这么简单，不能贴上一个"无厘头文化"的标签就轻易打发。无关谐音的使用和流行背后仍然有规律可循，我们需要回答两个问题：第一，为什么这种形式会如此迅即地放大到网民群体，甚至成为一种社会流行语言现象，其背后反映了一种怎样的社会心理？第二，在这种流行语言现象中，是不是任意的语言项目都可以被如此玩弄，是否存在特定的项目特别受人青睐，其后隐藏着一定的群体反讽指向吗？

我们对第一个问题的回答是，无关谐音的形式化反讽是后

从社会方言到功能语体——网络语言新论

现代解构思潮的产物，是从内容到形式，从现实世界到符号世界层层展开的：这种对神圣化的解构首先针对的是外在于语言的事物，诸如文化、政治、历史、爱情等以前神圣不可侵犯的东西都成为现代人嘲弄的对象，而消解一切的浪潮也很快从语言的所指蔓延到语言符号本身。网络语言的创造者和使用者们藐视一切惯例、习俗和律法，深深质疑其背后的合理性，他们最终把循规蹈矩的话语也当作了质疑的对象——语言系统及其使用规律也是一种约定俗成的规则，我们又为何要受其摆布呢？在这样的潜意识支配下，改造语言、突破常规地使用语言，也成了现代人特别是年轻人反抗既有规范的有力手段。此时，语言符号不再是解构的工具，而成了解构所面对的直接对象。

网络中千奇百怪的无功能目的的语言变异现象，如特殊句式、特殊文字、特殊修辞等归根到底都是这种叛逆心态的流露。而网络谐音造词则更进一步地深入到语言符号的内部，拆解语音能指和语义所指的牢固联合体，对不仅约定俗成而且从学习语言之初就深入潜意识的音义结合关系进行破坏，而且使用方便，极易模仿，用很小的语言成本就换来了破坏欲的极大满足，难怪就此大行其道了。

为了回答第二个问题，我们搜集了大量网上常见的无关谐音现象，发现表面看来千奇百怪、无所不在的谐音形式仍有其存在规律，并不是所有的概念能指都被替换，通过对被替换的原型进行分析，大致集中于以下几个领域：

① 官样文章

如：布鸣真象（不明真相）、噬石真象（事实真相）、恐怖粪纸（恐怖分子）、人参公鸡（人身攻击）等。这些话语是媒体在发布新闻时常用的，网民们对某些官样文章的陈词滥调不满而进行反讽。

② 文艺腔

如：愣森（人生）、桑心（伤心）、羞射（羞涩）、鸡冻（激动）、受桑（受伤）、赶脚（感觉）、杯具（悲剧）/餐具（惨剧）/洗具（喜剧）等。这些词语是一些文艺小说和文艺电影常用的，谐音仿制后对其进行反讽。

③ 网络生活

如：班猪（版主）、斑竹（版主）、板斧（版副）、围脖（微博）、煮玉米（注册域名）、竹叶（主页）、扣扣（QQ）、姑狗/古狗（Google）、兔爸（toolbar/工具条）、西橘（CG/数码图形）等。这些词语涉及网络场景，网民在享受网络便利的同时还把反讽指向网络生活本身。

④ 精英人物

如：公蜘（公知）、叫兽（教授）、砖家（专家）、老湿（老师）、妓者（记者）、湿人（诗人）、公务猿（公务员）、麻豆（模特）、帅锅（帅哥）、霉女（美女）、猪脚（主角）等。这一类反讽的是处于社会上层的精英人群。

⑤ 儿童语言

如：粑粑（爸爸）、麻麻（妈妈）、叔叔（蜀黍）、伦家（人家）、偶（我）、北北（拜拜）、鸟公（老公）、鸟婆（老婆）等。这些词语表面是根据小孩子说话的语音制造谐音新型，其实讽刺的是一种装嫩、扮萌的发嗲腔调。

⑥ 外语

如：单脚拉屎（dangerous/危险）、稻糠亩（.com）、哈皮/黑皮（happy/快乐）、那死大个（Nasdq/纳斯达克）、恰特（chat/闲聊）、温拿（winner/胜利者）、马克（mark/标记）等。这是对常见外语词的无关谐音，但反讽的对象也不是外语本身，而是那种在汉语中不断夹杂英语单词的说话腔调。

⑦ 方言

如：嗨森（开心）、菇凉（姑娘）、灰强（非常）、艾玛（哎呀妈呀）、主银/淫（主人）、乃们（你们）、干色摸/干虾米（干什么）、酱紫（这样子）、肿么（怎么）、介个（这个）等。这是根据方言语音进行的仿制，但其反讽的指向既不是方言本身，也不是方言区或者方言使用者，而是这种方言所代表的某种文化腔调，如仿制东北方言针对的是以赵本山系列作品为代表的小品文化，仿制粤方言针对的是香港连续剧代表的市民文化和粤港澳地区的商人文化，仿制闽南方言针对的是台湾连续剧代表的言情文化。

除此之外，社会上发生的某些热点事件也会产生一系列无关谐音词语，并广为流传，如"豆你玩、鸽你肉、姜你军、辣翻天、煤超疯、苹什么、蒜你狠、糖高宗、药你命、油他去"等一系列词语源自2009－2010年的物价上涨潮，"神马（什么）"源于2010年"小月月"事件等。对这些事件，网民的态度当然是负面的。

可以发现，无关谐音的反讽指向具有以下几个特点：一是反讽指向的曲折性，很多时候无关谐音的替换不是讽刺这个概念本身，而是讽刺使用这个概念的人群或者滥用这些概念的腔调，甚至是导致这个概念盛行的某种社会文化或者社会观念；二是反讽概念的系统性，因反讽的指向是某种腔调或文化，由此就导致反讽的概念不是孤立的，而是成系列的，聚合成一个系统；三是反讽对象的广泛性，既有精英人物，又有市民文化；既有现实世界，又有虚拟生活；既有外语，又有方言。网民们在潜意识中把方方面面的不满都通过无关谐音这个语言窗口曲折地展现出来，这就使其成为反映当代网民集体心理的风向标。

如果采用上述读解方式，那么就可以认为无关谐音虽然没有主动的修辞价值，但还是通过被动的方式反映了群体心理这样一种特殊的语义内涵，依然在某种程度上遵守了关联原则（提供了额外的解读效果），大有进一步跟踪、分析、研究的必要。

## 五、无关谐音的研究价值

无关谐音现象还有日益扩大化的趋势，首先从网民的个人语言进入了一些官方微博，如：

（1）坐在文史楼前大草坪上的老男孩好有赶脚。（华东师范大学官方微博）

（2）20除以3是神马成语？小学二年级数学题要找出外星人？……"神题"出现，和这些年倡导的素质教育有不少关系。（人民网官方微博）

随着网络语言对日常语言的影响日益深入，在网络以外的纸质媒体上也出现了一些无关谐音的用法，如：

（3）如此种种，有意无意地形成了对期刊个性化的强力制约，以"模板"的方式形成期刊的同质化环境。如前所述，很多期刊并不甘心如此，总是设法做出特色，但也总是"鸭梨山大"，甚至无法继续。（《文汇读书周报》2013年1月4日）

（4）事情的结局一下子从杯具变成了洗具——以湖南卫视的财力，绝不至于为了区区两百元而封杀一个主持人，果然，朱丹和何炅共同主持了接下来的冠军赛。（《长沙晚报》2013年6月3日）

毋庸置疑，无关谐音的泛滥也必将带来很多负面效应：影响直接、准确的概念表达，进而甚至会影响严密的思考过程；影响对语言文字的准确使用，甚至影响青少年的基本语文能力。但是，我们似乎不能粗暴地把这种现象视为语言糟粕一棍子打死，而是必须在进行全面的讨论之后适当地规范和引导。

由此也可以反思我们对待网络语言的态度。如前所述，由于

## 第五章　语言、心理、文化：无关谐音的综合研究

网民群体的庞大以及网络生活向日常生活的渗透，网络语言不再是某个社群的专利，而是日渐成为人们日常使用的重要的语言体式，其语言文化和语言心理反映的决不是一小部分人的心态，而是全社会的集体无意识。

因此，我们不能采取一种旁观者的猎奇视角，高高在上地把网络语言当作观察对象，拘泥于一些新鲜词语和流行格式，否则会导致我们不能体察网络语言的细微之处。我们不能着重描写网络语言对语言规范的侵蚀和损害，将其视为一个低俗的语言方式，希望对之进行规范和限制，否则就会忽视网络语言中的创新要素，被活生生的语言生活所抛弃。我们不能仅仅使用语言学的方法去研究网络语言，否则就会忽视网络语言的文化属性，忽略网络语言使用者的复杂心理。希望本章的研究是一个有益的尝试。

# 第六章　网络会话的多角度分析

本章所说的"网络会话"不包括电子邮件通信、语音视频对话等宽泛的网络沟通方式，而是专指一种基于网络技术的在线会话方式，即交际双方或者多方同时在线，针对某一话题展开即时反馈的以文字交流为主的会话活动。网络会话可以依靠多种网络即时通信软件展开，常见的如QQ、微信等。

网络会话不同于口语会话和书面交流，是在虚拟空间中展开的对话活动，近年来随着网络技术的提升、网络设备的普及和网络资费的下调，越来越成为人际交流的主要方式。网络会话在反馈及时、交互频繁、话题随意等方面和口语会话有很大的相似性，但由于传媒介质的不同，也产生了一些显著的区别。本章主要借助口语会话分析的研究成果对网络会话展开研究，并对口语会话和网络会话的异同进行一定的比较分析。

本章会使用到一些网络会话的实际语料，我们会先注明双方性别、关系、聊天工具和聊天日期，再根据发言具体时间转写语料，如：

（1）性别：男与男　关系：客户　聊天工具：微信　时间：2016-05-16

10：13

A：明天你们确定能来吗？可能来不及讲PPT直接来弄就行了。

10：26

B：确定能来的。

B：东西都准备好了。

B：麻烦提醒下你们同事带好身份证，明天8点半过来？

10：27

A：嗯，看情况吧。明早好像安排10分钟培训PPT，能讲就讲。讲不了就直接过来填资料。

在网络交流时会使用大量网络表情，为节省篇幅和方便排版，我们把网络表情转写为文字形式，用[ ]标明表情的含义或者表情自带的文字，用（ ）注明网络表情的来源和性质，如"自定义图片"表示该表情是自创的，"QQ内置表情"则来自QQ软件。而"静图"和"动图"说明了网络表情的属性，静图是图片，动图是动画。具体如：

（2）A：［好生气哦，可是还要保持微笑］（全文字图片；静图）

（3）A：［穿了一步裙］（照片；静图）

（4）A：［再见］［再见］［再见］（QQ内置表情；动图）

例（2）表示发话人使用了一个纯文字表情，其内容是"好生气哦，可是还要保持微笑"，这是一张静图；例（3）表示发话人使用了一张照片，照片内容是自己"穿了一步裙"，这是一张静图；例（4）表示发话人连续使用了三个表情，表情含义是"再见"，属于QQ软件的内置表情，而且是动图（动画形式）。

关于语料的转写方法，下文不再一一说明。

# 第一节　网络会话的原则和策略

## 一、网络会话的选择

### 1.交际方式选择

在现代交际语境下，交际者在开始交流之前，要依次进行两个选择：交际方式选择和传媒方式选择。

交际方式选择主要有以下几个选项：面谈、便条书信、电话、电子邮件、网络交流。这些选择在反馈时效性、交际成本、便捷性等方面存在差异。

"反馈时效性"是指获得反馈的有效性和及时性。面谈在这方面的表现最佳，根据交际礼仪，面谈时交际双方必须及时回应对方的话语，因此可以及时获得对方的反馈；而便条书信表现最差，不一定能获得有效反馈而且反馈时间往往比较长。反馈时效性的排序大致如下：

面谈>电话>网络交流>电子邮件>便条书信

"交际成本"指交际行为需要付出的代价，主要包括时间成本和经济成本。随着技术进步和使用资费的下调，电话费、短信费、上网费等经济成本已经不再成为一个敏感的衡量要素，因此"交际成本"主要表现为时间成本。这方面的变化，面谈最可以说明问题。在电信资费高企的年代，使用者对交际经济成本很敏感，因此一些不紧迫的事情就不会打电话而是费时间去找人面谈，但是现在经济成本变得不敏感，即使在隔壁房间也会通过电子交际方式以节约时间。在这样的背景下，面谈需要时间碰面反而成了一种交际成本最高的交际方式。在电子交际方式中，时间成本主要表现在编码信息需要耗费的时间上，显然电话是成本比较低的，一旦接通就可以直接用口语交际，而电子邮件要遵循一定的礼仪和编制规则，时间成本比较大。综上，交际成本的排序如下：

*面谈>便条书信>电子邮件>网络交流>电话*

"便捷性"主要指交际方式实现的方便快捷程度，它受到一系列因素的影响，如：交际工具的获取难度大小——电子交际需要电脑、智能手机，便条书信需要纸和笔，而面谈不需要交际工具；场合的适用范围——网络交流一般采用视觉符号系统，不管是嘈杂的环境还是不能打搅到别人的安静环境中都能使用，而且能比较好地保护隐私，而电话对使用场合的要求就比较高；寻获对方的可能性——一般来说电话能及时找到对方，便条书信有丢失的可能性，而面谈可能扑空……综合这些因素，便捷性可以排序如下：

*电话>网络交流>面谈>电子邮件>便条书信*

以上选项分析表明，便条书信这种交际方式在反馈时效性、交际成本、便捷性三方面表现都是差的，这也是便条书信在今天的交际生活中面临淘汰的主要原因。而近十几年来异军突起的网络交流在反馈时效性、交际成本、便捷性等方面都有不错的表现，且近年来网络交流的功能越来越强大，已经开发出语音对话、视频对话等功能，完全可以取代电话功能，"电话"这一陪伴我们几十年的交际方式也即将面临淘汰的窘境。

### 2.传媒方式选择

本章讨论网络会话，所以我们默认在上述"交际方式选择"时，交际者已经选择了"网络交流"方式，那么接下来就要进行"传媒方式选择"。QQ、微信等即时通信软件为使用者提供了多种电子传播的媒介方式，常见的有网络会话[1]、语音留言、语音对话、视频对话等四种，所谓"传媒方式选择"就是挑选何种媒介方式。

网络会话使用以文字为主的视觉符号进行交流，除了文字以外，可以插入表情符号、图片、链接等多媒体形式，这是网络交流中最常见的媒介方式。语音留言即发送即时录音音频进行交流，是一种听觉符号的交流方式。语音留言对于使用者来说比较方便，不需要打字输入，直接说话即可，但是对于接受者来说就不太方便，需要比较安静又不妨碍隐私的环境才能接收，而且录音质量有时候并不很好。语音对话的使用方式和手机打电话一

---

1 如前所述，本章中的网络会话指依赖微信、QQ 等即时通信软件展开的网络文字交流，下文不再一一说明。

样，唯一的区别就是需要网络支持，网络不佳通话质量就不好。在特殊场景下，比如打国际长途，语音对话不需要额外付费，在经济成本上远优于电话方式。视频对话是可以互相看见对方的语音通话，既有视觉信息又有听觉信息，信息源充分，但是对网络质量、隐私保护等方面都有比较高的要求。

同样可以用反馈时效性、交际成本、便捷性等三个变量来对网络会话、语音留言、语音对话、视频对话这四种传媒方式进行排序：

反馈时效性：语音对话/视频对话>网络会话>语音留言

交际成本：网络会话>语音留言>视频对话>语音对话

便捷性：语音对话>视频对话>语音留言>网络会话

## 二、选择网络会话类型的原则

### 1.合宜原则

在具体交际方式和传媒方式选择的过程中，交际者是不是一定会选择反馈时效性最强、交际成本最低、便捷性最高的交际方式和传媒方式呢？当然不是这样，交际者往往是根据"合宜原则"来进行选择的。

所谓合宜原则，就是根据本次交际的实际情况选择当前最合适的交际方式和传媒方式进行交流。需要考虑的各种交际变量可以归纳为双方关系、正式程度、信息时效等三个方面。

双方关系是指交际双方在人际关系上的亲疏程度，熟悉或陌生、亲热或疏远、社会地位的上下、职位辈分的高低等，都是社会关系要考虑的因素。

正式程度是指本次交流的正式性程度，公务交流还是私人交流，事务性交流还是情感性交流，交际是否有明确的目的等都会影响到交际的正式程度。

信息时效是指告知信息的及时性程度和获取回应的紧迫性程度，有些信息需要在第一时间告知对方或者需要马上获得回应，而有些信息则没有太强的时效性同时也不必马上回应，这些都决定了信息时效性程度。

运用合宜原则选择交际方式和传媒方式，就要求交际者对本次交际活动的双方关系、正式程度、信息时效三方面做出综合评估，然后根据反馈时效性、交际成本、便捷性去选择最适宜的交际方式和传媒方式。比如告知一个客户事项变更就可以采取电话方式，通知一个领导出席某项活动就可以采取电子邮件的方式，而邀请一个熟悉的朋友参加饭局就可以采用网络交流中的网络会话形式。

我们来看一个具体的例子：

（1）关系：师生（大学生家教）　　性别：女与女　聊天工具：QQ　时间：2016-03-09到03-11

2016-03-09

20：06

师：［发送一个"化学练习题"的文件］

师：（学生姓名），题目做一下，还有这周我学校里要考试没办法过来，你做了答案对了，不懂的发给我。

2016-03-11

19：38

生：好的。

19：39

生：姐姐，我们现在上到乙烯。

19：43

师：那把乙烯那个题目也做了。

例（1）中的交际双方是家教师生，关系不是很亲密；讨论的话题是布置家教作业，正式性不高，时间紧迫性也不强；同时估计到对方是中学生，平时不一定有时间上网；因此大学生家教老师采取了反馈性不强的网络会话形式（同时也便于传输文件），并不要求对方及时回应。而当学生拖延了两天才回复时，老师也没有责备对方。

### 2.体谅原则

在"合宜原则"之外，网络交际者在选择交际方式和传媒方式时，还要遵循一条"体谅原则"，即通过考虑对方的处境来选择更适合对方的交际方式和传媒方式。

在面谈中，交际双方所处的时空环境是一样的，因此反馈时效性、交际成本、便捷性诸要素对交际双方来说是基本一致的。但是在电话、网络即时通信、电子邮件、便条书信等交际方式中，交际双方处于不同的时空环境中，反馈时效性、交际成本、便捷性就产生了差异，这也就造成了发话者或者受话者在同一次交际中的最合宜交际方式或者传媒方式是有差异的。比如使用"语音留言"的传媒方式对于发话者来说是便捷的，但是对于受话者来说是不方便的，这个差别是由说和听的不同性质决定的，是不可消弭的。因此从体谅原则出发，发话者就应该不给对方制造麻烦，尽量少使用"语音留言"的交际方式。这也是在新兴的网络交际礼仪中，频繁使用"语音留言"被看作是一种不礼貌行为的根本原因所在。如果考虑到某一次交际的特定因素，那么交际双方的差异性就更明显了，比如发话者处于一个隐私环境中，语音对话对他来说是最方便的，但受话者却处于一个非隐私的嘈杂环境中（比如地铁上），那么语音对话对他来说就是很不方便的；再比如有的事情对发话者来说是重要的，需要较高的反馈时效性，希望采取电话或者语音对话，但是对受话者来说，可能就很不重要，希望接收到反馈时效性较低的网络会话或者电子邮件。

遵循体谅原则，就是发话者要从受话者的角度出发考虑问题，去选择最适合受话者的交际方式和传媒方式。

在合宜原则制约下，每一个交际方式和传媒方式都有其合适的应用情景，但是考虑到体谅原则，就会发现从受话者的角度来看，网络会话都是比较通用的合宜方式：在反馈时效性上，网络会话把反馈时间交由受话者做主，可以自由选择合适的时间进行反馈；在交际成本上，阅读文字耗费的时间成本和精力成本都很低；在便捷性上，阅读是方便的，而选择何种继续交流方式（是语音对话还是继续文字交流）的主动权也掌握在受话者手中。

合宜原则和体谅原则共同作用，造成了当今网络交流方式中，网络会话成为非常重要的一种交际方式，其重要性甚至超越了面谈和电话。网络会话往往还成了其他交际形式的"前奏"——在开展其他交际形式的对话之前，先用网络会话加以确认，如"现在方便吗？想和你通个电话"或者"你下午在吗？我想来找你说个事儿"。

因此，在面谈、便条书信、电话、电子邮件、网络交流这五种交际方式中，本研究最关心网络交流；在网络会话、语音留言、语音对话、视频对话这四种传媒方式中，最有特色也应用最广泛的传媒方式是网络会话。这种"网络即时通信支持下的文字对话"对网络交际产生了深远的影响，产生了一系列不同于口语会话的会话原则和会话方式，这将成为本章研究的重点。

为了方便起见，下文讨论"网络会话"时，不再涉及其他传媒方式。

## 三、网络会话中的时间策略

由于网络会话的特殊性，产生了一些口语会话中没有的参数，以及因这些参数而产生的特殊交际策略，本部分主要研究一些和反馈时间有关的交际策略。

### 1. 交际开端反馈时间策略

在口语交际中，反馈时间本来就是一个交际参数，其常量是反馈时间极短，话轮交替几乎即时发生。而一旦出现反馈时间长，也就是一方陷入沉思使对话中断，则预示着发话者的犹豫和迟疑。不过，这种停顿不可能太长，沉默的交际双方面面相觑是不可能维持多久的，很快就会有一方打破沉默，进行反馈或者转换话题另开讨论。但是在网络会话中，反馈时间的调整力度要大得多，交际价值也要大得多，时间性成为网络会话重要的交际参数。

首先，网络会话的反馈时间分为交际开端反馈时间和交际中反馈时间。交际开端反馈时间是指一方发出交际邀请时，另一方进行回应的反馈时间。交际中反馈时间是指在交际过程中，交际某一方回应的时间。

因为网络会话较低的反馈时效性，交际开端反馈时间可以很长，一般情况下，几十分钟到几个小时都是正常的，甚至隔天也是容许的。根据社会惯例和个体的交际习惯，交际双方会默认一个交际开端反馈时间的容忍度，并根据这一容忍度来开展交际活动。如：

（2）关系：高中同学　性别：男与女　聊天工具：微信时间：2016-05-22

14：10

男：×××（称呼女方全名）［呲牙］（微信表情；静图），我想问一下

男：你家教的那个女生

男：现在价格是怎么样的呢？

15：34

女：我收费比较低，一小时50块，你可以收得再高点。

15：39

男：好，谢谢［可爱］（微信表情；静图）

上例中是老同学之间的对话，而且男方有求于女方，所以男方安静等待了一个多小时，而女方也没有为自己的延迟回复道歉。

再如：

（3）关系：朋友　性别：女与女　聊天工具：微信　时间：2016-05-22

08：17

A：四儿，准考证上说不让带手机，它是不是有安检什么的？

11：22

B：对

B：会给个信封装订起来的

B：别担心，加油！

A：［么么哒］（自定义表情；动图）

A：我现在就出发了

A：防止迟到

上述对话发生在两个好友之间，对于一个比较急迫的问题，A仍然耐心等候了3个多小时，B延迟了3个多小时回复也没有道歉。这是因为对于召唤方来说，既然选择了网络会话，就已经对较长的反馈时间有了心理准备，因此在容忍度的范围内，一般不会再次发出召唤。只有反馈时间远远超出了容忍度范围，才会发出二次召唤以提醒被召唤方回应。

对于被召唤方来说，反馈时间往往受限于各种环境条件，比如网络是否通畅、自己是否注意到召唤信息、当前环境是否允许及时回复等等，因此有时在客观上无法及时回应。在双方容忍度范围内的话，延迟回应并不需要提供解释或者表达歉意，而一旦超出容忍度范围或者在对方二次召唤后再回复的话，就需要提供一定的解释或者表达歉意，如：

（4）关系：师生　性别：男与女　聊天工具：微信　时间：2018-04-11

09：51

生：[图片]（一段关于某个句子分析的对话截屏照片；静图）

生：徐老师，这句子的主语是"历史文化资源"还是"提升"？

生："对……的提升"是个介词短语，能拆开吗？

11：45

生：[抱拳][可怜]（微信表情；静图）

14：47

生：[可怜] [可怜]（微信表情；静图）

17：29

师：不好意思，今天一直在上课和学生谈话，没来得及回复[大哭] [大哭] [大哭] [大哭]（微信表情；静图）

师：主语是"提升"，"历史文化资源对一个地方文化品味"是定语。

师："历史文化资源"是"对"的主语，介词在这里可以有主语。

师：上午有课，中午开会，下午连着两个学生活动，刚结束，待会六点还有晚课，实在不好意思啦！

上例中，学生认为反馈时间容忍度应该低于2小时，因此在间隔快2小时后用网络表情提醒老师答复，但依然没有回音，因此在又过了3小时后第二次用网络表情提醒老师回复，依然没有得到回复，学生意识到老师可能不方便回复，因此就不再第三次提醒。在学生提问超过7个半小时后，老师终于回复，首先主动进行解释并且做出道歉，之后进行问题回复，因为本次拖延时间太长，所以在回复内容后老师为延迟回复再次道歉。这个例子充分反映了交际者对交际开端反馈时间的认知和相关交际策略。

与此同时，被召唤方也可以把反馈时间作为一个可以主动利用的交际手段来传递额外的信息，比如在工作时间之外拒绝回复公务信息，晚上拒绝回复不熟悉的召唤方的信息等，都是在提示对方不要在不恰当的时间发出交际召唤。被召唤方甚至可以把反馈时间无限延长，以此来表达自己拒绝回应的态度，从而暗示召唤方自动放弃本次交流。一般说来，如果被召唤方在发话者二次召唤后仍不回应，这种拒绝交流的态度就更加明显了。

交际开端反馈时间的容忍度并不是一个确定的值，会根据本次交际内容和双方关系而变动，因此需要交际双方在每次交际时进行估算。一般说来，容忍度和交际内容的重要性成反比，交际内容越重要容忍度就越低，期待反馈时间就越短。发出一个闲聊的召唤（有空聊聊吗？）或者一个咨询的召唤（我想咨询你一个问题，方便吗？），显然前者会容许更长的反馈时间。

容忍度和双方亲密度的关系也是成反比的，亲密度越高容忍度就越低，也就是说关系越亲密，越期待对方及时反馈。这是因为亲密度越高越希望对方重视自己，而且，亲密度越高，双方的关系就越是随便，不需要太顾及礼貌而可以随时督促对方回应。

我们也要看到，交际开端反馈时间存在双方估值不一致的可能性，此时就有可能发生沟通困扰。比如召唤者估计的容忍度低于被召唤者估计的容忍度，就会发生召唤者提前二次召唤的情况，并对被召唤者不说明延迟反馈的原因而感到不快。

### 2.交际中反馈时间策略

在开启对话时，网络会话的反馈时效性是不高的，发话者发出召唤后并不期待即时得到回应，上述交际开端反馈时间及其容忍度的讨论就说明这一现象。但是对话一旦开启，进入会话主体阶段，交际双方就希望能得到对方的及时反馈，使整个会话过程畅通无阻地进行下去。这时就存在一个"交际中反馈时间"的问题，即在交际进程中，交际某一方的反馈时间及双方对此的容忍度。

交际中反馈时间的容忍度相对交际开端反馈时间的容忍度来说要低得多，这就要求交际各方在交际进程中都及时回应对方的话轮，使对方不至于等待很长时间。但由于网络会话是通过输入文字展开的，发话者的输入技术再熟练，依然要耗费不少的时间，为了避免对方等待过久就必须采用一定的策略。

首先是尽量精简话语，使每一个话轮尽量短小。在网络会话中，很少见到长篇大论，连复句都很少见到，如：

（5）关系：初中同学　性别：女与女　聊天工具：微信　时间：2016-03-17

16：12

A：女儿几岁了？

B：女儿，18，高二

B：你呢？

A：我儿子24，女儿22

B：还俩，真幸福

A：儿子××银行信用卡中心工作了，女儿大三

B：嗯，都非常不错，在哪读？

A：儿子上海交大

A：女儿华东师范大学

B：嗯，老优秀了

A：我觉得女孩子当老师很好

B：什么专业？

A：但她读的不是教师专业

16：16

A：中文系

B：哦

B：中文系，这么高端

B：打算做老师吗？

A：我的意思是叫她做老师

B：嗯

B：上海缺老师

A：她一心想当医生

B：我女儿倒也想考医

A：：高中时，理科好

B：哦，聪明

A：但医生太苦

B：别人都这样说，钱还少

A：所以是给我硬逼的

B：［可怜］（微信内置表情；静图）

上述对话可谓非常精简，能省则省，几乎没有一个长句。

其次，当交际者要表达较复杂的内容时，往往会把一个复杂的意思切割成几个短句，分开来说，以免使对方等待过久，而另一方也往往会默契地等待发话者把所有分句都说完，这是网络会话中特有的一种"话轮分割"现象，如：

（6）关系：室友　性别：女与女　聊天工具：微信　时间：2016-04-15

09：17

A：好复杂

A：我觉得我胜任不了

A：要不你来做？

10：47

B：［你傻成这样，我也没办法了］（自定义图片；静图）

A：哎呀

A：你来做嘛

A：我到时候抄你的

A：你这么厉害！大神！

A：小的这不是要依靠你嘛

B：［要不是看在你妈妈的面子上，我分分钟打死你］（自定义图片；静图）

上例中画线部分是两个完整句子，但是分别切割为三段和五段发出，这就是一个很典型的话轮分割现象。

在话轮分割时，发话者有时还会故意在不该断句时断句，或者使用省略号或逗号，以提醒对方这个话轮未完，需要等待进一步的完善，如：

（7）关系：同学　性别：男与女　聊天工具：微信　时间：2016-04-28

23：07

女：意思是缴纳了VIP费用的话

女：就可以保存资料了吗？

男：是的

（8）关系：朋友　性别：女与女　聊天工具：QQ　时间：2016-04-23

A：［穿了一步裙］（照片；静图）

B：我今天也……

B：穿了一步裙

例（7）女发话人的第一句以表示假设关系的"的话"结尾，例（8）中B的第一句以省略号结尾，都明确提示对方自己的话没有说完。

然而，网络会话毕竟是一个容易受到很多因素影响的交际过程，因此在对话中因为客观原因发生一方突然停止反馈的现象也是很常见的，没有得到及时反馈的一方也有充分的心理准备面对这种临时中断的现象，一般不会认为这是对方的无礼冒犯。不过，对于中断交流较长时间的一方，有义务及时接续被中断的交流，并向对方致歉并说明理由，如：

（9）关系：师生　性别：男与女　聊天工具：微信　时间：2018-04-03

20：17

生：嗯嗯，好像有点懂了，我再去改改，看看能不能把思路理清楚。先谢谢徐老师了。关于口头评价的设计，我应该再去参考一些理论性的著作去构建一些框架，是吧，徐老师？

20：29

师：对的

师：刚接了个电话，不好意思

20：30

生：谢谢徐老师，这么晚了，还打搅您~

本次会话中，师生双方一直在连续聊论文开题的事情，但是在学生提出一个问题后，老师突然有长达12分钟的停顿，反馈被打断，在接上话题后，老师就觉得有必要说明停顿的理由并道歉。

当然，有效利用交际中反馈时间也可以作为一个交际手段表示特殊含义。比如对一些不愿意回答或者没法回答的问题采用增加反馈时间甚至不予回答的方式来提示对方变换话题。

总之，时间因素在网络会话中具有特殊的交际价值，这是由异空间的交流方式和文字输入的特殊媒介这两个语体变量共同造就的，值得我们更深入地考察。

# 第二节　网络会话过程分析

和口语会话过程一样，有两个参与者参加的一对一网络会话过程也可以分为开头、主体和结尾三个阶段，我们分别概述其基本情况。在分析中我们使用话轮、话对、话段这三个概念，分别界定如下：

话轮：会话是说话的参与者双方不断互换角色轮番说话的过程，其中每一个参与者一次连续说的话，就是一个话轮。

话对：前后相邻、内容相关并且分别由会话双方说出的两个话轮构成一个话对。

话段：围绕着同一个主题展开的一组话对构成一个话段。

## 一、网络会话的开端

会话的开端往往由一个话对组成，是交际双方交流的第一个回合。对于发话者来说，必须用一定手段引起受话者的注意，邀请他参与本次会话；对于受话者来说，必须做出恰当的回应，表示愿意参与这次交流。因此，会话的开端具有"发话者召唤—受话者回应"的结构方式。

在口语会话中，"发话者召唤—受话者回应"其实可以细分为礼貌功能、定位功能和邀约功能三项子功能。礼貌功能是通过一些带有礼貌性的招呼语以融洽并润滑交际双方的和睦关系。定位功能是在多人场合确定本次交际的直接对象。邀约功能是邀请对方进入本次交际活动。在典型情况下，这三项子功能是合二为一的，如：

（1）学生：王老师，我想问你几个问题。

老师：好的。

这个会话开端通过使用尊称"王老师"表明了自己的礼貌态度，并且把交际对象限定为"王老师"，同时也发出了交际邀请。这是一个常见而典型的会话开端。但是有时候会话的开端也会侧重于某一项子功能，如两个偶遇的交际者互道"你好"后擦肩而过，并没有发生后续交流，这个会话开端就主要侧重于礼貌功能，没有定位功能和邀约功能。再如在只有两个交际者的狭小空间内，发话者直接说"我问你件事儿"，这个开端就侧重于邀约功能，没有礼貌功能和定位功能。

网络会话的开端也遵循"发话者召唤—受话者回应"的基本结构方式，但无疑有自己的特点：

首先，在一对一的网络对话中，只要输入信息，会话对象已经明确，邀请对话的意图也由此彰显，因此会话开端的定位功能和邀请功能不是必需的。这样一来，会话开端经常采用零形态，直接进入会话主体。而且既然选择了网络会话这种传媒形式，就意味着发话者已经接受了较低的反馈时效性，并不期望对方立即做出回应，因此在这种情况下，熟人之间发出一个没有实质交际信息的"在吗"或者称呼语，往往是冗余无效的。

（2）关系：理发师与顾客　性别：男与女　聊天工具：微信

时间：2016-05-07

21：16

女：你明天上班吗？嘿嘿头发长了。

21：23

男：好的！我下午在的。

女：［OK］（微信内置表情；静图）明天找你去

男：［OK］（自定义图片；动图）

本次交际没有"召唤—回应"结构，女发话人直接提出要求，男发话人答应要求，然后就进入结尾环节。这是熟人之间常见的交往模式，也体现了网络会话方便快捷的特性。

因为定位功能和邀请功能的非必需性，纯粹用于定位功能的称呼语，如"小王""同学"就根本不会单独出现。如果出现称呼语，往往是敬称或者亲昵的称呼语，如"老师""王总"或者"李姐"，这些称呼语实现的主要是礼貌功能。

其次，网络会话的开端如果采用"召唤—回应"话对，常用于确定交流方式或者传媒方式，如：

（3）A：在吗？

B：在。

A：现在方便接电话吗？

B：可以。

例（3）通过第一话对确定了交际渠道的畅通，通过第二话对完成了交流方式的选择，这是网络交际常用的方式。如果"召唤"无回应，则发话者可以指定后续的交流方式，从而使会话开端实现留言功能，如：

（4）A：在吗？

　　　B无回应

　　　A：方便时给我电话。

也可以通过"召唤—回应"话对在开启会话的同时实现交流方式的选择。如：

（5）A：方便语音吗？

　　　B：你打字吧。在开会。

在此，发话者把"召唤"功能和交流方式的选择功能同时实现了。

如果不是出于此种目的，熟人之间最好不要使用"召唤"功能的会话开端。早期的网络会话，发话者常使用"在吗？"作为"召唤"话轮，后来很多人认为这样的"召唤"是不礼貌的，应该避免使用，原因就在于相互熟悉的人之间可以直接开始对话，这种定位和邀请是多余的，而且还有强迫对方及时回应的嫌疑。

再次，网络会话开端的"召唤"功能往往和会话主体直接合并为一个话轮，不再等待受话者的回应。如：

（6）关系：大学同学（不熟）　性别：女与女　聊天工具：微信　时间：2016-04-13

15：13

A：在吗？我想问一下明天考试不考试呀？

B：在的。。但是我不知道。。我实习单位让我明天加班。。我还准备晚上问你明天干什么。。。

发话者有求于受话者，因此把自己的请求和"召唤"功能的话语合并，不再要求对方花费时间和精力回应自己的"召唤"，这是网络会话中比较常见也比较得体的交际方式。

最后，网络会话开端的"发话者召唤—受话者回应"结构也发展出了很多自己的变体形式，在开启网络会话之外，还实现了多样的会话功能。如用表情符号来进行"发话者召唤—受话者回应"往往出现在熟人之间，比较俏皮，也预示着即将开启的会话是不太重要的，很有可能是闲聊。如：

（7）关系：同学　性别：男与女　聊天工具：微信　时间：2015-11-22

07：54

女：［Yoho］（自定义表情；动图）

08：09

男：［呲牙］（微信内置表情；静图）

男：Shadow今天来不了了

男：让我转发下上周主编的对话。

即时会话软件也会开发出一些特有的方式来实现网络会话的开端，如QQ软件有一个"震屏"功能，可以使受话者的屏幕抖动并发出振动声，以此来提醒受话者进入对话。

## 二、网络会话的主体

和口语会话相比，网络会话的主体部分也会显示出一些自身的特点。

### 1.轮流说话机制的破坏

在口语会话的主体部分，最常见的情况是交际双方轮流说话，由此形成一组组对应的话对，直到交际结束。而网络会话往往不会遵守轮流说话的机制，而是各自发言，造成多个话对交叉展开的情况。如：

（8）关系：高中同学　性别：女与女　聊天工具：微信　时间：2016-04-26

21：54

A：你朋友圈的风景是哪里？

A：真美

22：09

B：是诸暨东白山

A：真美

A：照片你拍的啊？

A：你还没睡啊？

B：下午已经睡过了

B：是我随便拍拍的

22：14

A：［棒］（微信内置表情；静图）

A：都闻到花香了

B：［微笑］（微信内置表情；静图）被夸奖了，好开心。

22：18

A：真的

B：［照片；山上风景1］

B：［照片；山上风景2］

B：［照片；山上风景3］

A：住在这里的人很幸福

A：没污染

B：山上没人住的，他们是统一在高山采茶叶。

A：是个旅游区吗?

B：对

B：驴友很多

A：也买门票?

A：这个时候去最好

A：你去的这天下雨，但色彩一点没影响。

22：23

B：不用门票的，大家可以随意去。山上很干净，很清爽。

A：下次有机会一定要去走走。

22：29

B：秋天去更好，秋高气爽，山上风景更好。

22：30

A：嗯，找时间去。

B：秋天的话，山上有野生栗子，野生山楂很好吃的。

例（8）中，第一组两个画线的话对是内嵌的，第二组两个画线的话对是交叉的。

有时候，因为多个话题同时展开，有些话轮就得不到应对，被淹没在后续的会话过程中，如：

（9）关系：同学　性别：女与女　聊天工具：微信　时间：2016-04-13

15：13

A：好惆怅……

A：我总感觉要考试……

A：但是我又不敢确定……

B：我觉得。。不是明天。

B：如果考试我应该会记得。。。吧。。

A：你有认识大二的同学吗？……

A：这周是第七周吗？

A：是不是第八周才考？

B：我有认识！我等下问问！！

A：［微笑］（自定义图片；静图）

A：多谢你了！

画线部分A同学一连提出了三个问题，其中第二和第三个问题就被淹没在会话过程中，没有得到回应。

**2.会话反馈断续性**

一次完整的网络会话可以延续较长时间，视交际双方的便利断断续续进行，如：

（10）关系：伯母和侄女　性别：女与女　聊天工具：微信
时间：2016-04-22

18：37

伯：乐乐你在哪走，这么多步

18：50

侄：去做教师资格证面试的现场确认，有点远

伯：你通过了吗？

19：08

侄：还没面试，今天是审核考试资格

19：19

伯：祝你好运

19：45

侄：［奋斗］［玫瑰］（微信内置表情；静图）

这次会话只有3个话对，因为内容不重要以及双方关系亲密，所以断断续续延续了一个多小时。

**3. 话题链状推进**

网络会话参与者的关系往往比较亲密，所交流的内容也比较随意，因此在讨论话题上比较松散，从一个话题随意过渡到另一

个话题，形成链状结构。

（11）关系：母女　性别：女与女　聊天工具：微信　时间：2016-03-08

10：03

女：老妈节日快乐［玫瑰］［玫瑰］（微信内置表情；静图）

母：［亲］（自定义表情；动图）

女：你今天没活动啊？

母：中午老爸请客出去吃

女：2333老爸不露一手啊

母：2333啥意思？

女：大笑

母：啊

女：就是哈哈哈哈

母：新出炉的

10：09

女：有这表情挺久了

母：你上午没课？

女：有，我准备上课了

母：好，走吧走吧

以上会话一共包含14个话轮，但一共涉及"生日祝福""活动安排""解释网络新用法""询问当下安排"等4个话题，话题之间关系松散，转换频繁，这可以算作是网络会话的一个常态了。

### 三、网络会话的结尾

网络会话的正式程度不高，所以结尾部分比较简单，往往通过互发一个表情包就结束了。在熟人之间，甚至会连结尾部分都没有，整个会话过程戛然而止，如：

（12）关系：母女　性别：女与女　聊天工具：微信　时间：2016-05-04

22：10

女：（一个链接：为了揭露糖的真相，他60天每天吃糖40勺，结果……）

22：20

母：糖要少吃？

母：我现在越来越喜欢甜食了

女：嗯

女：你有空可以看看那个视频

母：怪不得半个月腰围大了好多

女：我刚看完了

母：嗯，一会儿看看

这段网络对话发生在母女之间，因此没有结尾部分，直接结束回话。

网络会话的结尾部分还有一个特殊因素值得注意，就是谁结束最后一个话轮具有特殊的交际意义。一般而言，权势低的一方会坚持发出最后一个话轮。如果权势高的一方在发出结尾语之后继续发言，会使权势低的一方继续发出结尾语，导致使用多轮结尾语的情况，如：

（13）关系：老师和已毕业学生 性别：男与女 聊天工具：微信 时间：2017-07-13

21：47

师：明天我在家里等你

生：ok［露齿笑］（微信内置表情；静图）

生：明天见！

师：你在×××坐六号线到××站下，一号口出来。快到了联系我，我到出口接你。

师：早点晚点都没关系

生：嗯嗯，好哒！

师：那见面聊，你快休息吧

生：老师也早点休息，都破了九点以后不打扰的规矩了［害羞］［害羞］（微信内置表情；静图）晚安哦［星星］［星星］（微信内置表情；静图）

师：哈哈，晚安

生：［晚安］［晚安］（微信内置表情；静图）

例（13）中，结尾阶段持续了较长时间，因为老师发话以后，学生都要做出回应，拖延了会话的结束时间。最明显的是最后三个话轮，在学生和老师依次发出"晚安"的道别语之后，学生觉得由老师来收尾不太礼貌，因此额外又发送了两个"晚安"

的表情才顺利结束会话。

这是由于在人际交往中，有一条普遍规律存在：让权势高的人先离场，由权势低的人来收拾残局。比如在宴请结束时，会让贵宾先离开；在会面结束时，会先给客人叫车。在会话中也是一样，打电话时的礼节是让权势高的人先挂电话，口语会话中则是权势低的人最后说再见。在网络会话中，因为话轮既是按照时间顺序说出的，又是按照空间顺序排列的，所以谁先结束谁后结束的问题就特别醒目，成了网络会话中的一个重要礼仪表现形式。

## 四、网络多人会话

网络会话中，多人会话也是一种常见的交际场景，而且对于集体协商的交际需要来说，网络多人对话的交际成本要比口语多人对话低得多，无论天涯海角，只要建立一个聊天群，立刻可以开启多人对话。

针对口语多人对话，存在一条基本原则——轮流说话机制，保证多人会话中每次至少有一方，但又不多于一方在说话（列文森，1987）。这一原则可以避免两种交际困境：一种是"冷场"，无人讲话面面相觑是很尴尬的；另一种是"抢话"，两个（或以上）人同时说话，会造成声音的叠加，互相听不清楚。

然而"轮流说话机制"在网络多人对话中并不是特别起作用，因为参与会话的多个交际者处于不同的空间，并不能及时而准确地判断当下说话人是谁，以及当下说话人的话轮何时结束，所以往往会产生多人就多个话题同时发言的情况。网络多人交际经常呈现出一种"众声喧哗"的局面，因此需要发展出自己的交流机制。

首先，礼貌原则会在一定程度上被忽视，大家都直奔主题去发言。在口语多人交际中，轮到某个发话者发言时，他的话轮不会被轻易打断，因此可以花费一定的时间实施话语的礼仪功能——比如称赞前一个发话者的意见或者表达自己的谦虚等，但是在网络交际中，如果过多客套，就无法及时表达自己的意见：一则话轮无法长期保持，二则屏幕容量有限，别人的发言会将你的话语顶出可见范围。所以，网络多人会话一般以简明扼要地表达自己的意见为常。

其次，因为有多人同时说话，所以往往会形成内部的交叉对话形式。一种情形是有群主（即会话主持人）的情况，大家分别和群主会话，形成一对多的格局；另一种情形是没有群主的情况，大家各自对话，交错展开。为了在多人环境中完成有针对性的讨论，网络聊天发展出了特定的技术手段。为了明确话轮特定的针对者，聊天软件具有@受话人的功能。为了说明自己的话轮是针对哪个话轮展开的，发话者也可以使用系统自带的"引用"功能。

再次，多人会话仍需要一个众人关心的话题，并围绕这一话题展开讨论。如果多人会话讨论的话题只有几个人关心，甚至只有两个会话者，就会产生一种"当众表演"的窘迫感，当事者就会放弃群聊转入私聊。不过，在众人都有参与热情的情况下，群聊的话题转移也非常迅速，短时间内可以发生多次转换。如果没有群主主持，讨论的效率并不会很高。

# 第三节　网络会话中的表情符号

在第三章中我们详细论述了表情符号的示情作用，其实在网络会话中，除了示情作用以外，表情符号还发展出很多独特的会话功能，本节进行专门讨论。

## 一、充当反馈性话轮

在口语交流中，有时候发话者会有较长时间的发言，这过程中就需要得到受话者的支持性反馈，此类反馈往往是通过表情和体态语来完成，比如凝视着对方微微点头，或者发出笑声等。有时候也会使用语言形式，此时出现了一种不表示任何命题意义，仅实现"我在说你在听"功能的话轮，用来宣示本人正在认真听讲，这种话轮被称为"肯定性反馈话轮"。

在口语交际中，肯定型反馈话轮常见的语言形式是一些特定的反馈话语标记，如"是的""没错""你说得对"等肯定性词语或者短语，或者"嗯""哦""噢"等叹词成分。

在网络会话中，由于无法观察到双方的表情体态，更难确定对方是否在认真聆听，因此对肯定性反馈话轮的需求就更加强烈，而表情符号就成为非常普遍的支持性反馈的表现形式。如：

（1）关系：堂嫂和堂妹　性别：女与女　聊天工具：微信　时间：2016-05-25

09：19

嫂：××（丈夫的名字）早上把中药放车上了，说下班给你带过去

妹：好［微笑］（微信内置表情；静图）

妹：你一个退休佬还有那么多事情？

09：34

嫂：［呲牙］（微信内置表情；静图）

嫂：早上煎了个药弄得焦头烂额，衣服和碗都还没洗

嫂：两种药丸吞服，喝了一大杯水，肚子胀死了

妹：［偷笑］［偷笑］（微信内置表情；静图）

妹：等下一大碗中药更胀［呲牙］（微信内置表情；静图）

嫂：嗯

嫂：刚把第三煎倒出，差点又没水了

09：39

妹：大功告成！

例（1）中的画线部分都是肯定性反馈话轮，表情符号和语言形式参半。

## 二、充当提醒话轮

在口语交际中，因为交际的连贯性，在一次话题的讨论中不

会发生中断的情况。但是在网络会话中，因为反馈条件的限制，经常会发生会话中断的情况，这时候某个交际者就会发出提醒性话轮，要求对方继续对话。这种提醒话轮经常由表情符号来充任，如：

（2）关系：推销员和顾客　性别：男与女　聊天工具：微信

时间：2016-05-11

18：16

男：×姐，到家后麻烦身份证正反面发我一下〔可爱〕（微信内置表情；静图）

18：25

女：好

19：27

男：〔呲牙〕（微信内置表情；静图）

20：34

女：你别急哦，我过几天会来你们这里，到时一起办吧，最近我比较忙。

21：04

男：〔OK〕（微信内置表情；静图）

本例中，男方提出一个请求，一个小时后女方未回应，男方使用一个表情符号进行了提醒，女方才进行相应回复。

提醒话轮用于提醒对方回复或者接续讨论，是对对方的一种干扰，本质上是不礼貌的。相比于用语言形式提出明确的对话要求，使用表情符号会缓和要求的紧迫性，因而显得比较礼貌一点。

### 三、充当结束性话轮

网络会话往往是不太正式的，因此在收尾语中较少使用"拜拜""再见"这样的词汇手段来结束话轮，而经常使用表情符号或者表情图片来结束话轮，这样会显得俏皮而亲热。如：

（3）关系：同学　性别：女与女　聊天工具：QQ　时间：2016-03-13

21：44

A：那个，不好意思，我今天不回学校。

A：你每天2：30下课以后回寝室吗？我下午去你寝室找你？

B：行

A：［爱你］（自定义表情；动图）

21：49

B：［微笑］（自定义表情；静图）

例（3）中的会话结尾没有使用语言形式的收尾语，而是使用了具有示情功能的表情符号，会话自然结束。

如果双方关系比较疏远，甚至会发生用几轮表情符号来结束会话的情况，如：

（4）关系：一面之交　性别：男与女　聊天工具：微信　时间：2016-05-20

09：29

男：［鲜花］（自定义表情；动图）

女：［微笑］（微信内置表情；静图）

女：谢谢

男：［送你个微笑］（自定义表情；动图）

上例中的结尾就交换了两对收尾语，其中有三个话轮是用表情符号实现的。

因为表情符号经常用来表示支持性反馈和结尾语，以至于在网络会话中逐渐产生了一条潜在的交际规矩：如果对话一方不再输入文字，而是反复使用表情符号来进行回应，那么就预示着他无话可说，希望尽快结束当下会话过程。

## 四、实现人际润滑功能

在网络会话中，还存在一种"斗图"现象，类似于一种语言游戏，即会话参与者不使用文字交流，而使用表情符号或者表情图片进行多话轮的交流。这种交流的重点往往不在交换信息，而在于沟通感情，实现人际润滑。如：

（5）关系：老同学 性别：男与女 聊天工具：微信 时间：2016-04-28

16：45

女：大神，你最近过得怎么样啊？

男：还不就是那样啊

男：坐店看书

男：天天如此

女：没有别的啦？

男：睡觉，吃饭，

男：就这么多了

男：还有看看电视

女：哎哟，我是问你有没有别的事发生［白眼］（微信内置图片；静图）

16：47

男：［？］（自定义图片；静图）

男：别的？

男：什么事儿？

女：好吧。看来是没什么新闻了。

16：48

男：咳咳

男：看来是话里有话啊

女：嘿嘿

男：其他就真没啥了

女：好吧。我相信你的

男：［摸头］（自定义图片；静图）

男：［摸头，乖！］（自定义图片；动图）

女：好萌啊

女：［赞］（自定义图片；动图）

男：［酷］（自定义图片；静图）

女：我也有萌系图

男：哈哈

男：我晓得你才是大神

女：不敢当不敢当

男：［可爱］（自定义图片；动图）

男：咳咳，话说，手机快没电了，暂时不聊了哈

例（5）中，女方去套男方的话，未果，为了弥补交际关系并延续对话，双方在画线部分展开斗图活动，修补完关系后，男方提出了结束会话的请求。

再看下例：

（6）关系：恋人　性别：男与女　聊天工具：QQ　时间：2016-04-28

08：45

男：［搞怪］（自定义图片；静图）

男：×××（此处为对女友的称呼）

女：［好生气哦，可是还要保持微笑］（全文字的图片；静图）

女：［微笑］（QQ默认表情；静图）

男：［大笑］（自定义图片；静图）

男：［挑衅地笑］（自定义图片；静图）

　　男：出来啊呀

08：47

　　女：［天啊］（自定义图片；静图）

　　男：［狂笑］（自定义图片；动图）

　　女：［冷漠］（自定义图片；静图）

　　女：还不是我给你的

　　男：［略略略］（自定义图片；静图）

本例中除了一开始的称呼语和之后的召唤语"出来呀"（召唤对方出来斗图），上述情侣之间的交流几乎全部以网络表情方式展开，女方还说了一句"还不是我给你的"，嘲笑了对方表情包的来源。本次交际活动几乎没有实质内容，都是为了沟通情感。

　　本章的研究内容还比较浅薄，但所述现象都昭示着网络会话已经逐渐发展出自己独有的、系统性的会话结构，也进一步提醒我们，网络语体正在成为一种因传介方式变革而诞生的新兴语体，值得我们投注更多的精力去关注去研究。

# 参考文献

Halliday,M.A.K.&R.Hasan，1985，*Language, Context and Text: Aspects of Language in a Social-Semiotic Perspective* [M]. Victoria: Deakin University Press.北京：世界图书出版公司，影印本，2012年。

Martin,J.R.，1994，*Macro-genres: The Ecology of the Page*[A]. 《马丁文集（3）：语类研究》[C]，上海:上海交通大学出版社，2012年。

Martin,J.R.，2002，*A Universe of Meaning - How Many Practices?* [A]. 《马丁文集（3）：语类研究》[C]，上海:上海交通大学出版社，2012年。

卞亚南，2009，网络语言：新兴的社会方言[J]，《科技信息》第33期。

陈望道，1979，《修辞学发凡》[M]，上海：上海教育出版社。

戴军明，2006，网络词语的造词分析[J]，《语言文字应用》第S2期。

丹·斯珀波、迪埃珏·威尔逊著，蒋严译，2008，《关联：交际与认知》[M]，北京：中国社会科学出版社。

戴维·克里斯特尔著，郭贵春、刘全明译，2006，《语言与因特网》[M]，上海：上海科技教育出版社。

德克·盖拉茨主编，邵军航、杨波译，2012，《认知语言学基础》[C]，上海译文出版社。

董启明、刘玉梅，2001，万维网键谈英语的文体特征[J]，《外语教学与研究》第1期

方梅，2007，语体动因对句法的塑造[J]，《修辞学习》第6期。

风君编著，2012，《网络新新词典》[M]，北京：新世界出版社。

冯胜利，2010，论语体的机制及其语法属性[J]，《中国语文》第5期。

冯胜利，2011，语体语法及其文学功能[J]，《当代修辞学》第4期。

弗里德里希·温格瑞尔、汉斯-尤格·施密特著，彭利贞、许国萍、赵微译，2009，《认知语言学导论（第二版）》[M]，上海：复旦大学出版社。

高生文、何伟，2015，系统功能语言学语域思想流变[J]，《外语与外语教学》第3期。

胡惮、李丽，2003，网络交际中双话题平行推进的语用特征与话轮结构[J]，《外语电化教学》第2期。

胡壮麟、朱永生、张德禄，1989，《系统功能语法概论》[M]，长沙：湖南教育出版社。

黄锦章、田丽娜，2013，网络即时文字会话的语类研究[J]，《当代修辞学》第2期。

黄衍，1987，话轮替换系统[J]，《外语教学与研究》第1期。

惠天罡，2006，网络词语构词探析[J]，《修辞学习》第2期。

邝霞，2000，网络语言——一种新的社会方言[J]，《语文建设》第8期。

李庚元、李治中编著，1997，《古今辞格及范例》[M]，长沙：湖南出版社。

李军、刘峰，2005，网络语体：一种新兴的语体类型探析[J]，《宁夏大学学报（人文社会科学版）》第2期。

李莉，2005，网络词语的性质及特点[J]，《语文研究》第1期。

李明洁，2009，从语录流行语到词语流行语[J]，《修辞学习》第3期。

李明洁，2011，流行语的符号本质及其意指结构[J]，《语言文字运用》第4期。

李明洁，2013，作为流行文化的流行语：概念与特质[J]，《武汉大学学报（人文科学版）》第1期。

李明洁，2013，社会舆论、群体意志与话语互动——流行语义生成的实证研究[J]，《求是学刊》第11期。

李明洁，2013，流行语：民间表述与社会记忆——2008—2011年网络流行语的价值分析[J]，《探索与争鸣》第12期。

李熙宗，2005，关于语体的定义问题[J]，《复旦学报（社会科学版）》第3期。

李旭平，2005，语域理论模式下的网络交际和网络语言[J]，《外语电化教学》第5期。

列文森（S. C. Levinson），沈家煊译，1987，语用学论题之四：会话结构[J]，《国外语言学》第1期

刘大为，1994，语体是言语行为的类型[J]，《修辞学习》第3期。

刘大为，2001，《比喻、近喻与自喻——辞格的认知性研究》[M]，上海：上海教育出版社。

刘大为，2013，论语体与语体变量[J]，《当代修辞学》第3期。

刘斐、赵国军，2009，"被时代"的"被组合"[J]，《修辞学习》第5期。

刘海燕，2002，《网络语言》[M]，北京：中国广播电视出版社。

刘兰民，2007，汉语修辞造词法初探[J]，《语言文字应用》第4期。

刘乃仲、马连鹏，2003，网络语言：新兴的网络社会方言[J]，《大连理工大学学报（社会科学版）》第3期。

林纲，2002，网络用语的类型及其特征[J]，《修辞学习》第1期。

吕明臣，2004，网络交际中自然语言的属性[J]，《吉林大学社会科学学报》第2期。

吕明臣、李伟大、曹佳、刘海洋编著，2008，《网络语言研究》[M]，长春：吉林大学出版社。

缪俊，2009，"山寨"流行中语义泛化与社会文化的共变[J]，《修辞学习》第1期。

潘明霞，2009，网络语言的语言地位探析[J]，《广西社会科学》第3期。

秦俊红、张德禄，2005，网上会话中的话轮转换[J]，《外语电化教学》第10期。

秦秀白，2003，网语和网话[J]，《外语电化教学》第6期。

曲彦斌，2000，计算机网络言语交流中的身势情态语符号探析[J]，《语言教学与研究》第4期。

沈家煊，1993，句法的象似性问题[J]，《外语教学与研究》第1期。

施春宏，2010，网络语言的语言价值和语言学价值[J]，《语言文字运用》第3期。

苏承志，2004，语言变体框架中的语域[J]，《上海师范大学学报（哲学社会科学版）》第3期。

苏晓军、张爱玲，2001，概念整合理论的认知力[J]，《外国语》第3期。

孙鲁痕、赵洁、段娟编著，2017，《网络交际与网络语言》[M]，重庆：西南师范大学出版社。

汤玫英，2010，《网络语言新探》[M]，郑州：河南人民出版社。

陶红印，1999，试论语体分类的语法学意义[J]，《当代语言学》第3期。

王世凯，2006，网络语体风格的软规范与硬规范[J]，《渤海大学学报（哲学社会科学版）》第6期。

王维贤，1982，论"转折"[A]，《逻辑与语言研究（第2期）》[C]，北京：中国社会科学出版社。

王维贤，1991，论转折句[A]，《中国语言学报（第4期）》[C]，北京：商务印书馆。

汪磊主编，2012，《新华网络语言词典》[M]，北京：商务印书馆。

汪少华，2002，概念合成与隐喻的实时意义建构[J]，《当代语言学》第2期。

魏红霞，2013，网络语言——一个特定社会阶层的语言[J]，《宁夏社会科学》第5期。

辛仪烨，2010，流行语的扩散：从泛化到框填——评本刊2009年的流行语研究，兼论一个流行语研究框架的建构[J]，《当代修辞学》第2期。

邢福义，1991，汉语复句格式对复句语义关系的反制约[J]，《中国语文》第1期。

邢福义，1992，现代汉语转折句式[J]，《世界汉语教学》第2期。

徐默凡，2010，语形辞格的象似性研究[J]，《当代修辞学》第1期。

徐默凡，2011，论命名性辞格[J]，《当代修辞学》第1期。

徐默凡，2012，流行语的游戏心态和游戏成分——以无关指称为例[J]，《当代修辞学》第1期。

徐默凡，2013a，网络语言无关谐音的文化研究[J]，《文艺理论研究》第6期。

徐默凡编著，2013b，《网言网语不求人》[M]，上海：上海锦绣文章出版社。

徐默凡，2014，网聊语体示情手段研究——兼论传介方式对不同语体示情手段的制约作用[J]，《当代修辞学》第3期。

徐默凡，2015a，"哈哈"和"呜呜"——网络拟声词的示情用法[J]，《咬文嚼字》第8期。

徐默凡，2015b，"重要的事情说三遍有用吗"——网络语言中的极致用法[J]，《咬文嚼字》第9期。

徐默凡，2015c，网络语体的前世今生[J]，《咬文嚼字》第11期。

徐默凡，2015d，网络语言无关谐音现象的构造原则和理解机制[J]，《当代修辞学》第6期。

徐默凡，2016a，主要看气质[J]，《咬文嚼字》第1期。

徐默凡，2016b，网络语言中的"事件词"[J]，《咬文嚼字》第6期。

徐默凡，2016c，网络语言中的新修辞手段：关系反语[J]，《当代修辞学》第4期。

徐默凡，2017，拟人声词实示用法及其与叹词的关系[A]，《语言研究集刊（第十八辑）》[C]，上海辞书出版社。

于根元主编，2001a，《网络语言概说》[M]，北京：中国经济出版社。

于根元主编，2001b，《中国网络语言词典》[M]，北京：中国经济出版社。

于根元主编，2003，《应用语言学概论》[M]，北京：商务印书馆。

俞燕、仇立颖，2009，框填式流行语何以如此流行？[J]，《修辞学习》第6期。

袁晖、李熙宗，2005，《汉语语体概论》[M]，北京：商务印书馆。

袁险峰，2007，网络语言——一种新兴的社会方言[J]，《安徽文学》第5期。

岳方遂，2012，试论网络语体[A]，《中国语文的现代化与国际化》[C]，北京：军事科学出版社。

查仲云，2004，修辞造词法在新词语中的体现[J]，《烟台教育学院学报》第1期。

张伯江，2007，语体差异和语法规律[J]，《修辞学习》第2期。

张德禄，1987，语域理论简介[J]，《现代外语》第4期。

张弓，1963，《现代汉语修辞学》[M]，天津：天津人民出版社。

张鲁昌，2005，网络语言中"另类飞白"的语用分析[J]，《广西社会科学》第3期。

张敏，1998，《认知语言学与汉语名词短语》[M]，北京：中国社会科学出版社。

张薇、王红旗，2009，网络语言是一种社会方言[J]，《济南大学学报（社会科学版）》第1期。

张颖炜，2014，网络语言的词义变异[J]，《语言文字应用》第4期。

张颖炜，2015，新媒体视野下网络语言的语体特征[J]，《江苏社会科学》第4期。

张颖炜，2015，《网络语言研究》[M]，广州：暨南大学出版社。

张云辉，2007，网络语言的词汇语法特征[J]，《中国语文》第6期。

张云辉，2010，《网络语言语法与语用研究》[M]，上海：学林出版社。

郑远汉，2002，关于"网络语言"[J]，《华中科技大学学报（人文社会科学版）》第3期。

周洪波，1994，修辞现象的词汇化——新词语产生的重要途径[J]，《语言文字应用》第1期。

中国互联网络信息中心（CNNIC），1997—2022，第1—50次中国互联网络发展状况统计报告[R]。

# 后记

本书名为"新论"，其实酝酿已久。

在2010年前后，我就开始关注网络语言现象，并陆续撰写了一些论文。2013年获得了一个教育部项目，名为"网络语言的创新因素及其对日常语言的影响"，更加名正言顺地做了一些思考和研究。因为生性懒散，直到2018年才结项。此时书稿已经成型，但总觉得不够成熟，希望再花点时间打磨一下。但是，还是因为懒散，一拖又是5年。

这一回下定决心整理出版，主要做了疏通逻辑和大幅删减的工作，希望能增加更多的可读性。因为写作时间太长，所以有些例子显得陈旧，好在自以为所立之论还有一点新意，用今天纷繁复杂的网络语言现状来对照，仍然具有较强的解释力，没有辜负"新论"这个书名。总之，本书想用比较通俗的语言讨论一些学理问题，既能给语言学同行们一些启发，也能使普通读者读来不觉厌倦，但愿这不是奢望吧。

书稿出版之际，首先要感谢刘大为老师、祝克懿老师的悉心指导，让我走进网络语言研究的学术殿堂，并在《当代修辞学》杂志上发表了一系列文章，这些文章经过大幅修改后已经融入本书。感谢黄安靖老师邀我在《咬文嚼字》杂志上撰写网络语言和网络交际的普及文章，督促我时时关注语言事实，并且收获了比学术文章更多的热心读者。感谢王敏老师、蒋逸征老师费心策划并且编辑本书，使它能以光鲜的形象走向广大读者。

此外，还要感谢姜欣幸、倪佳颖、饶青欣、王丽秋、耿希瑞、王佳诺等同学协助我进行网络语言的社会调查。感谢施依娜同学帮助我搜集、转写网络会话语料，也感谢相关朋友提供私人语料供本书举例使用。

徐默凡

2023年3月

**图书在版编目（CIP）数据**

从社会方言到功能语体 : 网络语言新论 / 徐默凡著
. -- 上海 : 上海文化出版社 , 2023.8（2024.3 重印）
ISBN 978-7-5535-2793-2

Ⅰ . ①从… Ⅱ . ①徐… Ⅲ . ①网络用语－研究 Ⅳ .
① H034

中国国家版本馆 CIP 数据核字 (2023) 第 134562 号

# 从社会方言到功能语体——网络语言新论
### 徐默凡 著

责任编辑：蒋逸征
装帧设计：王怡君

出　版：上海文化出版社　上海咬文嚼字文化传播有限公司
地　址：上海市闵行区号景路 159 弄 A 座 2—3 楼
邮　编：201101
发　行：上海市闵行区号景路 159 弄 A 座 206 室
印　刷：上海新艺印刷有限公司
规　格：890×1240　1/32
印　张：9.375
版　次：2023 年 8 月第 1 版　2024 年 3 月第 2 次印刷
书　号：ISBN 978-7-5535-2793-2/H.066
定　价：58.00 元

告读者：如发现本书有印刷质量问题请与印刷厂质量科联系
电　话：021-33854186